Les Institutions de Prévoyance

DANS NOS POPULATIONS RURALES

LES
Institutions de Prévoyance
DANS NOS POPULATIONS RURALES

Mention honorable au Concours de 1910

(Académie des Sciences Morales et Politiques)

PAR

M. le Baron ERNOUF-BIGNON

ANCIEN SOUS-PRÉFET

MEMBRE DE LA SOCIÉTÉ DES AGRICULTEURS DE FRANCE

PARIS

LIBRAIRIE DES SCIENCES AGRICOLES

CHARLES AMAT, ÉDITEUR

II, RUE DE MÉZIÈRES, II

—

1912

AVANT-PROPOS

L'Académie des Sciences morales et politiques avait proposé, pour le prix Blaise des Vosges en 1910, le sujet suivant :

Les Institutions de prévoyance dans nos populations rurales. — Situation actuelle. — Lacunes. — Moyens de développer le réseau de ces Institutions et de les faire entrer dans les mœurs.

L'étude que nous offrons au public a été présentée au concours sous le n° 1, et récompensée par une *mention honorable*.

Nous n'avions pas eu la prétention d'épuiser en trois cents pages un sujet aussi vaste, et notre ambition se bornait à présenter un tableau réduit, mais aussi complet que possible, des Institutions de prévoyance dans nos populations rurales et des moyens propres à développer ces Institutions.

La récompense qu'a bien voulu nous décerner l'*Académie des Sciences morales et politiques,* sur le rapport de M. Paul Leroy-Beaulieu (1), nous décide à publier ce modeste travail, espérant qu'il pourra peut-être rendre quelques services à une époque où les idées de prévoyance et de mutualité sont plus que jamais à l'ordre du jour.

Baron ERNOUF-BIGNON.

(1) Séance du 17 novembre 1910, Comptes rendus, p. 776.

Considérations générales

Dépopulation de la France. — Dépopulation des campagnes. — Tristes résultats de l'exode rural. — Les remèdes. — Supériorité de l'initiative privée sur l'intervention de l'État. — Supériorité de la prévoyance sur l'assistance.

Dépopulation de la France

Un Rapport du Ministère du Travail du 26 novembre 1907 constatait qu'en 1906 la balance des naissances et des décès se soldait par un excédent de 26,651 naissances, inférieur d'un quart à celui de 1905. En 1906, l'accroissement proportionnel de la population, calculé par rapport à la population légale, d'après le recensement du 4 mars 1906, n'était que de 0,07 %, taux inférieur à celui des années précédentes, qui était de 0,10 % en 1905, 0,15 % en 1904 et 0,19 % en 1903. Et le Rapporteur concluait : « Que la situation du pays au point de vue de l'accroissement de sa population continuait à n'être pas satisfaisant, surtout si on la comparait à celle des nations voisines. »

Prenons une moyenne de 10,000 habitants; ce sont, du reste, les chiffres mêmes du Rapport officiel :

L'excédent annuel des naissances sur les décès

avait été en   Allemagne, de   149

                      Hongrie,   de   110

                      Angleterre, de   121

                      Pays-Bas,   de   155

                      Italie,   de   106

                      Norwège,   de   144

        et en France,   de   18 seulement !

En 1896, notre excédent de naissances était de 93,700.

En 1906, il était seulement de 26,651, soit une diminution de près d'un quart.

Pendant l'année 1907, la situation s'est encore aggravée, les décès ont dépassé les naissances de 19,920 ! On ne constate d'excédents de naissance, que dans 29 départements seulement, au lieu de 42 en 1906 et de 43 en 1905. « Il y a cent ans, dit la *Revue d'Hygiène*, les grandes puissances de l'Europe comptaient 98 millions d'habitants, dont 26 millions (soit 27 %) étaient français; elles en comptent aujourd'hui 300 millions dont seulement 38, soit 12 % sont français. La natalité française est à peine la moitié de celle de l'Allemagne ; aucun autre pays ne présente une telle décroissance. »

Au lendemain de la guerre de 1870, la France et l'Allemagne comptaient un nombre sensiblement égal de conscrits : 300,000. Or, tandis que la France en est restée à ce chiffre, l'Allemagne en comptait 460,000 au dernier tirage. Le chiffre annuel des naissances dans ce pays est double du nôtre et même plus. Deux millions chez eux, 908,000 chez nous. Fatalement, dans 14 ans, le chiffre des conscrits allemands sera deux fois le nôtre.

« Dans quatre siècles, a écrit M. Lagneau, sans même l'intervention d'une catastrophe exception-nelle, d'une épidémie de nature à précipiter un dénouement fatal, par exemple, mais simplement par les traditions et les mœurs actuelles, il n'y aura plus de France, faute de Français. »

Et un professeur allemand traduisait cette situa-tion par ces mots menaçants : « Plus de cercueils que de berceaux, c'est le commencement de la fin, *finis Galliæ !* Ainsi doivent disparaître par leur pro-pre faute les peuples qui ont rompu avec les lois fondamentales de la vie ! »

Dépopulation des campagnes

Si la population de la France diminue d'une façon générale et inquiétante, l'abandon des campagnes s'accentue, d'autre part, ainsi que le prouve le tableau ci-dessous du mouvement de la population rurale par rapport à la population urbaine :

	population urbaine %	population rurale %
1846	24,4	75,6
1856	27,3	72,7
1866	30,5	69,5
1876	32,4	67,6
1886	35,9	64,1
1891	37,4	62,6

De 1846 à 1891, la population urbaine a passé de 8,644,743 habitants à 14,311,292 et la population rurale de 26,753,743 à 24,031,900. Depuis lors, la dépopulation des campagnes s'est encore accentuée.

Faut-il donner quelques chiffres ?

De 1901 à 1906, la Manche a perdu 3,900 habitants, l'Eure 4,600, le Calvados 6,700, l'Orne 10,900 ! Seule, parmi les départements normands, la Seine-Inférieure a gagné 9,900 unités, mais ce léger gain y est absorbé, et bien au delà, par le progrès des villes, notamment des deux grandes agglomérations urbaines et suburbaines de Rouen et du Havre qui dépassent 150,000 habitants.

Un curé de l'Eure relevait cette statistique sur le registre de sa paroisse :

1806-1816 : 162 baptêmes. 120 sépultures, 63 mariages, 816 habitants ;

1856-1866 : 102 baptêmes, 143 sépultures, 41 mariages, 654 habitants ;

1896-1906 : 71 baptêmes, 91 sépultures, 21 mariages et 408 habitants.

Voilà le mouvement d'un siècle.

Les jeunes, les vigoureux s'en vont, et avec eux la promesse des mariages et l'espoir des baptêmes ; seuls, les vieux restent, et chaque jour les fait plus rares ; c'est la tristesse des tombes sans la joie des berceaux (1).

Tristes résultats de l'exode rural

Tout a été dit sur le fléau de l'exode rural.

La grande ville, c'est la misère physique et mo-

(1) Un économiste, Fabonnais, disait au siècle dernier : « On peut décider sûrement de la force réelle d'un État par l'accroissement ou le déclin de la population de ses campagnes. » *Eléments du Commerce*, c. III.

rale, ce sont les plaisirs tentateurs, les promiscuités corruptrices, c'est la lutte vitale sauvage, le *sweatting* avec ses horreurs, c'est le taudis, la tuberculose, la mort plus prompte.

M. Cheysson, l'éminent sociologue, a admirablement résumé les ravages causés par ce fléau national et montré le mal que font, non seulement aux grandes villes, aux campagnes, à la patrie tout entière, mais encore et surtout à eux-mêmes, les imprudents qui désertent le foyer paternel, la terre natale, et abandonnent le vieux clocher de leur village.

On sait les chiffres fabuleux de demandes d'emplois que publie chaque année la préfecture de la Seine : 35,000 de cantonniers, 7,000 de garçons de bureau, 5,000 de concierges d'école, soit 50,000 demandes pour 400 vacances.

Voulez-vous être facteur ? Combien de temps attendrez-vous ! Être employé dans une Compagnie de chemins de fer ? Il y a 300.000 employés, dont les capacités et la vigueur sont assez appréciés pour laisser de rares places libres.

« Aujourd'hui, dit M. Cheysson, en France, les communes au-dessus de 2.000 habitants représentent une population de 20 millions sur un total de 39 millions... Or, les grandes villes sont des mangeuses d'hommes, les émigrants viennent s'y fondre comme le minerai dans le fourneau et, s'il sort de cette fournaise humaine des lingots de métal pur, combien ne rejette-t-elle pas de cendres, de scories et de déchets !...»

Puis, il refait le douloureux tableau si souvent tracé, mais toujours bon à rappeler, parce que toujours oublié, du mirage qui attire le rural à Paris et des désillusions qui l'y attendent.

«... La réalité, dit-il, est bien loin de ce rêve et l'illusion n'est pas de longue durée. Les petites ressources, amassées pour cette grande expédition, sont vite épuisées ; les pauvres gens sont alors aux prises avec le douloureux problème du pain quotidien avec celui de l'abri pour la nuit ; effarés dans cette grande ville inhospitalière, heurtant à des portes qui ne s'ouvrent pas, ils finissent par apprendre le chemin des asiles de nuit, des bouchées de pain, des bureaux de bienfaisance, enfin des hôpitaux, car ils ne tardent pas à tomber malades et à devenir, à tous ces titres, les clients de l'assistance publique et de la charité privée.

« Voilà la triste et véridique histoire de la plupart des exodes imprudents de ces paysans qui débarquent à Paris sans que rien soit préparé pour les recevoir et qu'attendent de cruelles déceptions.

« Au village, on s'entr'aide entre voisins ; la misère ne prend jamais l'acuité terrible qui la caractérise à Paris, où l'on peut mourir, et où l'on meurt littéralement de faim. Les simples cabanes rurales, même insalubres, ne sont pas meurtrières comme nos bouges parisiens, à cause de la vie au grand air et sous les clairs rayons du soleil, qui est l'antiseptique par excellence et qui a tôt fait de remédier à l'insalubrité du logement.

« A Paris, au contraire, le taudis tue ses habitants ; il les ruine, il les démoralise à plaisir, il les alcoolise. Un père qui rentre du travail, sa journée finie, dans un logis répugnant, le fuit pour aller chercher des distractions malsaines au cabaret ; ses enfants sont atteints de tares héréditaires qui les prédisposent à l'aliénation mentale, au crime et à la tuberculose. »

Il n'est que trop facile, hélas, de constater la gravité de cet exode qui contribue à peupler nos grandes villes de tant de « déracinés », et d'en faire toucher du doigt les déplorables conséquences ; il est moins aisé d'indiquer les remèdes.

Les remèdes

M. Cheysson en énumère quelques-uns : d'abord le rapatriement des miséreux provinciaux, pratiqué par nombre d'œuvres parisiennes ; puis, la création de jardins ouvriers, la réduction des grands travaux urbains, notamment pour les Expositions universelles, la déconcentration des Écoles supérieures, des hospices, des manufactures publiques et privées, la guerre à l'alcoolisme, la diminution de certaines facilités fiscales accordées à l'industrie urbaine et la création de biens de famille insaisissables. Plusieurs de ces remèdes, il faut bien le reconnaître, ne sont guère que des palliatifs plus propres à décongestionner les villes en rejetant sur les campagnes une partie de leurs forces perdues ou de leurs établissements industriels, qu'à conserver à la profession agricole nos populations rurales.

Il en est autrement de l'effort que M. Cheysson réclame en vue de développer « les mesures de prévoyance et de coopération, voire d'assistance, qui permettraient aux paysans d'en avoir le bienfait sans s'expatrier, et qui les attacheraient solidement à leur pays natal ».

Il est incontestable que la création d'associations mutuelles contre la maladie, contre les accidents, au besoin contre le chômage involontaire et pour la constitution d'une retraite, est l'un des moyens les plus efficaces de retenir le paysan aux champs en y améliorant sa situation. C'est sur ces moyens que nous allons nous étendre au cours de cette Étude, mais nous ne saurions nous dissimuler que, pour enrayer un mouvement aussi formidable qui, depuis si longtemps, dépeuple les campagnes françaises, il faut encore bien d'autres réformes. Il faut le rétablissement complet de l'égalité fiscale et douanière entre l'agriculture et l'industrie. Il faut une organisation du service militaire qui ne soit pas conçue de façon à retenir presque fatalement une notable partie des soldats libérés dans les villes. Il faut la réduction des impôts qui écrasent la terre, la sécurité du lendemain et la paix sociale assurée, enfin, une orientation nouvelle et rationnelle de l'enseignement.

Jadis, dans le peuple, l'enfant gagnait déjà de l'argent à ses parents et, dans les familles simplement à l'aise, on lui donnait une éducation moyenne en rapport avec sa situation.

Mais aujourd'hui que, par l'instruction obligatoire, on a jeté dans les carrières libérales toute une jeunesse sans distinction de rang ni surtout d'aptitudes, la lutte est devenue plus âpre. C'est ainsi qu'on a pu dire justement qu'un enfant qui obtient son certificat d'enseignement primaire est voué presque fatalement à devenir un bureaucrate. Il habitera la ville, portera une redingote et deviendra un fonctionnaire chichement rétribué mais à demi oisif.

Tous les parents qui ont, de père en fils, vécu de leur travail manuel ne songent qu'à en affranchir leurs enfants. Combien de privations, de calculs, d'intrigues, voire même d'interlopes machinations pour arriver à la réalisation de ces rêves chimériques ! Cependant on n'assure pas le bonheur des enfants en les poussant de force dans une condition pour laquelle ils ne sont pas nés. S'ils réussissent, ils ont beaucoup plus de peine que les autres, parce que ni leur éducation première, ni leur fortune ne les aident à tenir un rang élevé dans la société ; et, s'ils ne réussissent pas, ils deviennent des déclassés, des propres à rien, qui ne peuvent même plus faire des ouvriers passables parce qu'ils dédaignent les travaux manuels ; ils n'ont plus d'autre ressource que de se faire gratte-papier et de vivoter misérablement avec de chétifs appointements.

L'État pourrait sans doute, s'il le voulait comme il le doit, modifier quelque peu cet état de choses. Il pourrait apporter aux programmes des Écoles rurales les modifications réclamées par les hommes prévoyants ; l'enseignement dans les Écoles normales ne devrait-il pas attacher une importance particulière à tout ce qui se rattache à l'agriculture ? Est-ce que tout, dans les Écoles rurales, ne devrait pas tendre à faire aimer le travail du sol ? Aucune dictée qui ne fût en même temps une leçon de choses, aucun devoir de calcul qui ne comportât, lui aussi, une leçon pour les filles comme pour les garçons. Pour les filles, en plus, il faudrait créer des Écoles ménagères agricoles.

L'État pourrait aussi réduire le nombre des fonctionnaires, qui en sont arrivés aujourd'hui à repré-

senter un vingtième de la population masculine
adulte. On pourrait encore exempter du service
militaire le cadet d'un frère sous les drapeaux ou
ayant déjà servi, diviser la taxe mobilière par le
nombre des personnes habitant les locaux imposés,
accorder des bourses aux enfants des familles nombreuses, réserver aux enfants de ces familles les
emplois subalternes de l'État ou des communes,
facteurs, cantonniers, gardes champêtres ; se rapprocher le plus possible de la législation anglaise
pour la réglementation des partages, en rendant la
maison et les terres insaisissables, incessibles et
impartageables. Mais tout cela ne constituerait que
des demi-remèdes insuffisants.

On constate souvent chez certains malades une
éruption d'humeurs que l'on s'imagine guérir par
des applications antiseptiques, puis l'on s'étonne
que ces humeurs guéries aujourd'hui ressortent
demain ailleurs et plus importantes ; c'est que l'on
a pris les effets pour la cause, alors que c'était un
traitement interne et complet de l'organisme lui-
même qui s'imposait et dont ces maux visibles
n'étaient que les manifestations extérieures. Il en
est de même pour les maux dont souffre la société ;
c'est dans leur source cachée qu'il faut les atteindre.
Des lois, des décrets ne peuvent modifier les mœurs.
Or, c'est nous-mêmes qu'il faut modifier. Il faut
refréner l'égoïsme qui nous porte à tirer chacun de
notre côté sans nous préoccuper de la collectivité,
cet égoïsme qui nous pousse à satisfaire, par quelque
moyen que ce soit, nos instincts les plus bas.

L'excès de civilisation a augmenté nos besoins.
M. P. Leroy-Beaulieu a dit : « L'homme n'est jamais

satisfait ; après le nécessaire, il recherche le confortable, l'élégant et le raffiné ; après le raffiné et l'élégant, l'opulent et le magnifique. »

Le dédain des travaux de la famille, le désir de sortir de son état, le goût des villes ne sont pas d'ailleurs, des sentiments nouveaux, ils datent de loin. Voici ce que disait déjà au xvie siècle Bernard de Palissy : « Je m'esmerveille d'un tas de fols « laboureurs, que soudain qu'ils ont un peu de bien « qu'ils auront gagné avec grand labeur en leur jeu- « nesse, ils auront après honte de faire leurs enfants « de leur estat de labourage ; ains les feront au pre- « mier jour plus grands qu'eux-mêmes, les sortant « communément de la pratique et ce que le pauvre « homme aura gagné, à grand'peine, il en va « dépenser une grande partie à faire son fils *Mon-* « *sieur*, lequel *Monsieur* aura enfin honte de se « trouver en compagnie de son père, et sera déplai- « sant qu'on dira qu'il est fils de laboureur, et si, « de cas fortuit, le bonhomme a certains autres « enfants, ce sera ce Monsieur-là qui mangera les « autres et aura la meilleure part, sans avoir égard « qu'il a beaucoup cousté aux Escholes, pendant que « ses autres frères cultivaient la terre avec leur « père. Et cependant voilà qui cause que la terre « est le plus souvent avortée et mal cultivée parce « que le malheur est tel qu'un chacun ne demande « que vivre de son revenu et faire cultiver la terre « par les plus ignorants. Chose malheureuse ! »

Si le désir de s'élever, si l'émulation sont des sti- mulants indispensables et féconds poussant l'homme à s'améliorer d'une façon rationnelle, le revers de la médaille c'est malheureusement que, pour la plupart, cette ambition a abouti surtout à augmenter les besoins, à créer des appétits nouveaux, avec l'horreur de l'effort. Or, il est impossible à un pays, quelque riche qu'il soit, de continuer à augmenter chaque jour ses besoins si, en compensation, il n'en réduit pas certains autres ; et, n'en doutez pas, s'il y a des besoins à réduire, ce seront les moins agréables qu'on sacrifiera, ceux précisément qui se transforment en devoirs. Le développement de la famille est de ceux-là.

Cette extension à outrance de nos besoins est la principale cause de dépopulation ; la preuve, c'est que les populations les plus prolifiques sont celles qui sont peu développées intellectuellement, industriellement, peu avancées en aisance : la Russie en tête, suivie de la Roumanie, de la Serbie, de la Hongrie. En France, ce sont les régions les plus arriérées, comme la Savoie, les Alpes, la Bretagne, le Cantal, certains coins de la Lozère et, en général, les régions les plus rurales qui sont les plus prolifiques. Au contraire, le Nord, avec ses grandes villes industrielles et ouvrières, et surtout le bassin parisien, le sont beaucoup moins.

Ce qu'il faut, en définitive, aux habitants des campagnes, ce sont des goûts plus simples et une instruction plus pratique. Le problème comporte donc, en premier lieu, une réforme de mœurs et une réforme d'éducation. Ce sont là des réformes à longue échéance et difficiles à réaliser, elles ne sont pas encore suffisantes cependant et il faut pénétrer plus avant pour trouver l'origine du mal.

Des pédagogues vaniteux sont venus, qui ont cru faire tenir la vie avec toutes ses complexités dans quelques formules de manuel ; ils ont prêché que le bonheur était tout entier dans la jouissance matérielle ; ils ont exalté l'égoïsme qu'ils ont confondu avec l'individualisme. A leurs yeux, la société n'est qu'une agglomération d'individus, la vie n'est qu'un butin dont il faut se hâter de jouir, car elle passe. Ces nouveaux philosophes ont rejeté la vieille morale catholique, sous prétexte qu'elle n'avait aucune valeur scientifique, aussi, ne voyant plus nettement la raison profonde de la vie, les générations nouvelles n'ont-elles plus le courage d'en supporter les épreuves.

Le clergé, dans la situation qui lui est faite aujourd'hui par la loi de séparation, ne peut manquer de joindre ses efforts à ceux des bons citoyens pour combattre ces théories désolantes, si funestes par leurs résultats sociaux. « Guider les âmes dans « la voie du salut éternel par un peu plus de bien- « être matériel — a écrit un curé du Cantal — me « paraît réaliser la parole de saint Jean : « Il faut « aimer en action et non pas seulement en paro- « les (1). »

Supériorité de l'initiative privée sur l'intervention de l'État

Comme nous venons de le voir, les remèdes sont multiples. Les uns sont du ressort de l'État, les autres dépendent des individus, des intéressés et

_____

(1) *Les Œuvres sociales au village*, par l'abbé PLANTECOSTE, curé d'Arches, brochure de l'*Action populaire*, Reims, 48, rue de Venise.

aussi des propriétaires ruraux qui, plus instruits, possédant par conséquent des idées plus générales, doivent travailler à consolider l'esprit de famille, à montrer par leur exemple la supériorité de la vie hygiénique de la campagne, à faciliter la création des œuvres de prévoyance surtout, si supérieures par leurs résultats et leur influence sociale aux œuvres purement charitables, à faire pénétrer dans les campagnes les Sociétés de secours mutuels contre la maladie, les retraites pour la vieillesse, à préconiser contre les chômages d'hiver la reconstitution des industries familiales, à organiser même de saines distractions en plein air pour créer un dérivatif aux dangers du cabaret, à développer les coopératives de production, de consommation, le crédit agricole, enfin des institutions favorables à la constitution de la petite propriété agricole.

Nous allons passer en revue toutes les œuvres de prévoyance qui peuvent fonctionner dans les campagnes et nous croyons que, de cette étude, se dégagera cette conclusion que l'intervention de l'État en matière sociale ne doit pas être prépondérante (1). Des lois, nous en avons assez, nous en avons plutôt trop. L'État, selon nous, ne doit au travailleur majeur et valide que la liberté de s'associer et la protection contre ceux qui essaient de violenter ou

(1) *Une ligue nationale de défense pour les familles nombreuses* a été créée, il y a quelques années, par MM. Ambroise Rendu et le capitaine Maire, président et fondateur. Son but est d'obtenir des Pouvoirs publics le vote de lois en faveur de ces familles nombreuses qui ravitaillent la France en citoyens, en soldats et en mères de famille. Des sociétés locales, existant déjà dans certaines régions, se rallient à la Ligue.

de gêner cette liberté. L'État doit être l'État *Liberté*
et parfois l'État *Gendarme*, mais non l'État Providence. Toute la conception civilisatrice des sociétés
modernes repose sur cette donnée, qu'il est des
droits individuels intangibles sur lesquelles la puissance collective n'a aucun pouvoir et qui sont au-
dessus de la volonté des majorités (1).

« Le socialisme d'État, disposant de ce qu'il y a
« de plus individuel dans l'homme, de son travail
« présent et de son travail accumulé, le capital,
« porte l'atteinte la plus grave au régime personnel
« de l'individu et mérite la réprobation de tout
« esprit libéral. » L'expérience le condamne comme
les principes (2).

En Russie, l'effort civilisateur consiste précisément à dégager l'individu des liens du socialisme
communal du *mir*, une des formes du socialisme
d'État :

« Le socialisme d'État brise le grand ressort de la
« vie humaine, la volonté... Celui auquel on enlève
« le souci de lui-même est comme l'esclave d'Ho-
« mère : il a perdu la moitié de son âme. Le socia-
« lisme d'État se trouve toujours à l'origine des

----

(1) Voir, dans le même sens, Benjamin Constant, Stuart
Mill, Tocqueville et Suarez, qui distinguent le régime public
de la communauté et la partie domestique et individuelle.
Le Gouvernement a un pouvoir entier sur la communauté;
il ne peut sur la famille que ce qui est indispensable au
bien commun ; il n'a aucun droit sur le régime personnel
de l'individu.

(2) Exemple : la loi des pauvres d'Élisabeth établissant
un tarif proportionnel des salaires pour les célibataires,
les hommes mariés avec ou sans enfants... Résultats :
triomphe de l'oisiveté, ruine des fermiers, violences, anar-
chie, enfin abolition de la loi.

« sociétés et son abolition est le signe qu'elles sont
« parvenues à leur complet développement. Une
« société condamnée au bagne du socialisme d'État
« est encore en barbarie ou sur le point d'y retom-
« ber. Le socialisme d'État n'a quelque chose de
« spécieux... que lorsque, renonçant à tyranniser
« les valides pour les rendre heureux malgré eux,
« il réduit sa prétention à devenir le bienfaiteur des
« invalides, de ceux que la maladie ou la vieillesse
« empêchent de travailler. Même dans ce cas, son
« action ne doit être admise que comme un recours
« suprême. Le premier secours doit venir du tra-
« vailleur lui-même... (1) » Le mot de Franklin
sera toujours vrai : « Celui qui dit à l'ouvrier qu'il
« pourra améliorer sa position autrement que par
« le travail, la bonne conduite et l'économie, ne
« l'écoutez pas, c'est un empoisonneur ! »

Aussi la loi du 14 juillet 1905, qui assure des subventions aux vieillards et infirmes, nous paraît-elle
constituer une faute au point de vue social. On sait
les abus auxquels elle a donné lieu, abus qu'il sera
bien difficile d'éviter, et les dépenses de plus en
plus importantes qu'elle entraîne. Quand la loi était
en discussion, le rapporteur, M. Millerand, assurait
qu'elle mettrait à la charge de la société 153,281 individus. Une note du Ministère de l'Intérieur, datée
de février 1909, constatait que le nombre des assistés était de 534,965, dont 485,376 à domicile. L'augmentation est de 60,000 par an. Au cours de la
discussion, la Commission avait fait observer que
la plupart des ayants droit étant déjà secourus par

_____

(1) Emile OLLIVIER : *Revue hebdomadaire*, 13 juin 1908.

les bureaux de bienfaisance, la loi nouvelle créc-
rait à l'État, pour sa part, une charge annuelle insi-
gnifiante de trois ou quatre millions. Or, pour le
budget de 1909, ces charges insignifiantes s'élèvent
à 94 millions, dont 45 millions pour l'État. Ces
résultats rendent défiants à l'égard de l'intervention
de l'État.

Les communes, les départements, l'État, devront
tous les ans imposer de nouveaux sacrifices aux
contribuables pour les subventions en argent et
pour les hospices à construire. Pendant ce temps,
les enfants qui se sont fait remettre le petit avoir
de leurs parents s'arrangent pour éviter de leur
faire une pension alimentaire, préférant naturellement les laisser à la charge de la nation. Depuis la
mise en vigueur de la loi de 1905, les procès de
cette nature sont devenus innombrables.

Les résultats fâcheux de cette loi au point de vue
financier étaient faciles à prévoir ; au point de vue
social, ils ne sont pas moins regrettables. La certitude du secours devient, en effet, une tentation pour
beaucoup de gens qui, voisins de l'indigence,
avaient jusqu'alors lutté contre elle par le travail.
A quoi bon désormais se priver, économiser, si on
est assuré de recevoir plus tard une somme fixée
d'avance ? Le secours direct, sans déplacement, sans
inquiétude, peut satisfaire la sensibilité des hommes politiques, mais c'est un piège tendu sous les
pas de beaucoup de travailleurs dont la conscience
et l'énergie cèdent à l'appât d'un pain obtenu sans
travail.

Qu'on y prenne garde. Si le souci d'améliorer le
sort du travailleur entre dans toutes les préoccupa-

tions, il faut éviter des exagérations qui étendraient la plaie qu'on veut réduire. Il ne suffit pas de diminuer le nombre des indigents en les soulageant par des subventions administratives, ce qu'il faut, c'est les amener à une condition où ils n'aient pas besoin de ces secours directs, grâce à des mesures de prévoyance. Or, en cette matière, l'impuissance de l'État est démontrée par les faits.

Le Gouvernement, par exemple, reconnaît le danger de la dépopulation qui met en jeu les destinées mêmes du pays, cependant fait-il tout ce qu'il faut pour arrêter la France sur la pente fatale ?

A ce sujet, rappelons un fait raconté un jour dans la Salle des Sociétés savantes par M. de Foville :

Sous le ministère Waldeck-Rousseau, le Gouvernement institua une *Commission de la Dépopulation*, chargée d'étudier la cause du mal et de rechercher les moyens de le conjurer. La Commission se divisa en deux sections : mortalité et natalité.

Les travaux de la première section aboutirent à un certain nombre de réglementations en matière d'hygiène. La tâche de la seconde était beaucoup plus délicate. Les Commissaires furent amenés à faire de lamentables constatations : il fut établi que la dépopulation était causée par la désorganisation de la famille, fruit tout ensemble d'un régime maladroit du travail, des atteintes portées à l'indissolubilité du lien conjugal, de la corruption des mœurs, de la laïcisation, en un mot, du matérialisme officiel. C'était la condamnation des principes sur lesquels s'appuie le régime actuel. Le problème devenait politique et le terrain dangereux. On a alors cessé de réunir la Commission. Et c'est ainsi que l'apôtre infatigable de la cause de la repopulation, M. Piot, se plaignait auprès du ministre que la Commission de la dépopulation n'avait pas été convoquée depuis plusieurs années.

La réforme fiscale proposée par M. Caillaux ne présente-t-elle pas, par exemple, de sérieux dangers au point de vue démographique? Dans son système d'impôt sur le revenu, en effet, on a remarqué avec raison que, quand deux jeunes gens se marieront, le fisc les en punira immédiatement, puisque le taux progressif de l'impôt impliquera, pour les deux revenus désormais confondus, un prélèvement supérieur à ceux dont ils étaient précédemment passibles. Ainsi cette grande réforme qui, mieux comprise, aurait pu exercer sur la natalité une influence heureuse, peut devenir une prime au concubinage.

On a essayé cependant, au cours de la discussion de cette loi, de créer des dégrèvements pour les contribuables chargés de famille. Malheureusement, on s'est perdu dans les chiffres, et on a reculé devant les difficultés d'application, si bien que les exonérations insignifiantes qui ont été votées ne sauraient exercer une influence sérieuse sur la dépopulation.

En revanche, combien d'autres mesures, votées depuis quelques années, par des législateurs inconscients, ont porté les atteintes les plus graves à la famille ! Ce fut d'abord le rétablissement du divorce, la suppression de l'indissolubilité du mariage qui ouvre la grave question des enfants; après la famille, ce fut à la propriété qu'on s'attaqua, au patrimoine, autre lien de la famille. L'esprit des lois actuelles tend à le supprimer ou à l'amoindrir par

des droits écrasants ; la brèche a été ouverte par des
droits progressifs et on paraît malheureusement
disposé à continuer dans cette voie, alors que le patrimoine, fruit de la prévoyance des parents, produit de leur labeur, de leurs économies, de leurs
sacrifices, était jadis chose sacrée pour les enfants.
N'est-il pas à craindre, d'autre part, que, par de
nouvelles lois contre l'autorité paternelle, on arrive
à vouloir confisquer les enfants eux-mêmes, au risque de favoriser encore davantage le dépeuplement
des foyers. Ainsi, par cette série de mesures impru-
dentes, l'État sape la famille, base de la société, et
il s'étonne de la dépopulation grandissante !

On pourrait accumuler les exemples. Peut-on
compter, par exemple, sur l'État, pour réduire la
consommation de l'alcool dont il tire tant de millions ?

Autre exemple : Tous les hommes compétents ont
insisté sur la nécessité de développer l'enseignement agricole dans les Écoles rurales afin de combattre l'exode des campagnes ; or, c'est le contraire
qui a été fait.

A l'École normale primaire, un arrêté ministériel
du 4 juillet 1905 a rejeté l'enseignement agricole en
troisième année, alors que le brevet supérieur de
l'enseignement primaire se passe à la fin de la
seconde année. Dès lors, il n'y a plus de sanction
pour l'enseignement agricole ; les professeurs et les
élèves négligent totalement cet article du programme.

La Commission de la Chambre a exprimé le regret
que le ministre de l'Agriculture n'ait pas été consulté à ce sujet ; elle a émis le vœu qu'on revînt aux

dispositions du décret du 9 juin 1880 et que, par extension, l'agriculture ait sa place dans les cours de première et de deuxième année. Le plus curieux, c'est que le ministre de l'Agriculture déplore tout le premier cette situation : « Vous avez constaté, a-t-il dit, comme je l'avais fait moi-même en me livrant à de tristes réflexions, que l'enseignement agricole disparaît de plus en plus du programme des Écoles normales, que le certificat d'études ne porte presque plus trace de cet enseignement et que les jardins d'instituteurs ne sont pas développés comme nous le voudrions. Vous le savez, nous sommes dans une voie d'accommodement, et je crois que le ministère de l'Instruction publique ne se montrera pas intransigeant. Le Parlement lui fera, au besoin, comprendre qu'il ne faut pas avoir l'esprit trop étroit et que, très naturellement, à côté de l'instituteur en qui nous avons une entière confiance, il y a des spécialistes agricoles qui peuvent rendre de très grands services pour façonner le cerveau de l'enfant. »

De tels aveux, faits à la tribune par un ministre, ont une importance sur laquelle nous n'avons pas besoin d'insister. On doit aussi noter l'observation faite par un député, M. Fernand David, et d'après laquelle, quand une commune crée un groupe scolaire, le Conseil d'État s'opposerait formellement à ce que l'installation d'un jardin soit comprise dans les dépenses d'installation de ce groupe. Si ce renseignement est exact, il serait indispensable d'obtenir du Conseil d'État l'abandon d'un système si directement contraire aux intérêts agricoles.

Remarquons, en passant, que le véritable moyen

de maintenir et de développer l'enseignement agricole était de ne pas fermer les Écoles libres qui le distribuaient avec un zèle et un succès incontestés, et dont la concurrence obligeait les Écoles officielles à le donner également. On saisit là, une fois de plus, sur le vif, l'impuissance et l'incompétence du Gouvernement en matière sociale.

Supériorité de la prévoyance sur l'assistance

La prévoyance et l'assistance présentent des différences et des affinités qui ne permettent ni de les confondre, ni de les séparer.

L'assistance s'adresse à l'homme accablé par une crise et incapable de se suffire à lui-même ; elle lui tend une main secourable pour l'aider à se relever si sa déchéance n'est pas irrémédiable, pour le mettre à l'abri du besoin s'il est atteint par la vieillesse ou par l'invalidité.

Proudhon repousse la charité par orgueil. Heureusement elle s'impose même à ceux qui la méconnaissent, et elle verse de l'huile dans le rouage social pour en adoucir le frottement.

La prévoyance, au contraire, respecte l'indépendance et la dignité de l'homme, elle tend son ressort moral, l'associe aux efforts qui assurent la sécurité de son avenir, l'empêche de tout attendre des autres.

« L'aumône, dit M. Léon Lefébure, est un « palliatif, et quelquefois même il arrive que la « profusion des secours engendre les pauvres, « subventionne l'oisiveté et fait fleurir la misère

« en l'arrosant. C'est donc à la racine du mal qu'il
« faut aller. »

Une bonne organisation de la charité ne doit pas
seulement empêcher le pauvre de tomber plus bas,
mais doit provoquer, obtenir son relèvement et le
rendre à la prévoyance.

Le plus grand service qu'on puisse rendre au travailleur consiste donc à encourager tous ses efforts
pour se mettre lui-même à l'abri des éventualités
de l'avenir, au village comme à la ville.

Quant à la Société, elle ne doit intervenir qu'en
cas d'absolue nécessité. L'État n'a d'autre argent
que celui qui lui est fourni par l'impôt, et les
moyens préventifs destinés à aller au-devant du mal
ne sont pas de son ressort. Il peut les faciliter, les
encourager, les récompenser, mais non les imposer,
ce qui, du coup, leur enlèverait toute valeur morale.

Nous espérons encore une fois qu'il se dégagera
de cette Étude cette conclusion que l'intervention
de l'État est rarement utile, que moins elle a l'occasion de se produire, mieux cela vaut, et que les
remèdes les plus efficaces à apporter aux souffrances des classes rurales seront ceux qui viendront des travailleurs eux-mêmes, de l'initiative
privée, de l'association, de la mutualité, dont la
puissance et les bienfaits ne sont pas encore suffisamment connus et appréciés dans les campagnes.

En travaillant pour les populations rurales on
fait œuvre patriotique au premier chef. Comme l'a
dit éloquemment M. Cheysson (1) : « Sur le sol que

(1) Toast au banquet de la Société des agriculteurs de
France, 22 mars 1908.

« nous occupons aujourd'hui, le paysan a trouvé des
« marécages, des forêts vierges, des bêtes sauvages,
« des miasmes pestilentiels, et c'est lui, le pauvre
« paysan obscur, qui, à force de labeurs accumulés,
« nous a donné la France, notre France ! voilà le
« bienfait dont nous lui sommes redevables et qu'il
« faut proclamer bien haut, en toute occasion.

« C'est lui qui, de nos jours encore, constitue le
« plus solide fondement de l'édifice social : « Tant
« que l'esprit révolutionnaire, a dit Montalembert,
« n'a pas envahi les classes agricoles, ses victoires
« ne sont qu'éphémères et n'ont pas de racines... »

« Étrangers aux agitations des villes, ils travail-
« lent toujours, mais sans se préoccuper du voisin,
« alors que, dans les ateliers, les ouvriers de l'indus-
« trie mettent au service de leurs revendications
« bruyantes cette force de l'association qui, au dire
« de Platon, fait avec l'impuissance de chacun la
« puissance de tous. Le village et le champ se taisent
« et, dans ce silence, les clameurs urbaines pren-
« nent un retentissement exagéré, eu égard à l'im-
« portance des intérêts en jeu. »

Et pourtant l'agriculture, « ce glorieux état qui
fait vivre le monde (1) », n'est-elle pas la première
industrie nationale?

Un philosophe chinois a dit (2) : « La prospérité
« publique est semblable à un arbre, l'agriculture
« en est la racine, l'industrie et le commerce en
« sont les branches et les feuilles ; si la racine vient

(1) René BAZIN : *La Terre qui meurt.*
(2) M. Méline donne cette phrase comme conclusion à son
livre « *Le Retour à la terre* ».

« à souffrir, les feuilles tombent, les branches se
« détachent et l'arbre meurt. »

En France où, grâce à une situation climatérique
et géographique privilégiée, les produits les plus
variés répondent à tous les besoins, où même ils
fournissent des excédents pour l'exportation, a-t-on
fait vraiment tout ce qu'il convenait pour garder à
la terre ses enfants et lui ramener les bras dont les
grandes villes épuisent la vigueur ?

PREMIÈRE PARTIE

Des diverses Institutions
de prévoyance dans les Campagnes

I

Caisses d'Épargne

Les Caisses d'Épargne

L'épargne est une vertu française, si bien qu'on a pu dire avec raison que la richesse du pays reposait non pas tant sur la fortune des gros capitalistes que sur le labeur des humbles et des petits.

Jadis, l'épargne, dans les campagnes, n'avait qu'un objet, la terre. Le paysan accumulait ses économies, sou par sou, « dans un bas de laine » pour acheter la parcelle de terrain convoitée. Ou bien encore, quand il avait mis de côté quelques centaines de francs, il les portait au notaire pour les placer sur hypothèque. L'homme de la campagne ne comprenait, en somme, qu'un seul mode de placement, celui qui reposait sur la terre.

Mais cent francs ne se trouvent pas en un jour, et il faut avoir vu de près le paysan pour se rendre compte du soin qu'il lui faut prendre, des privations qu'il lui faut s'imposer pour réaliser quelques économies. Certaines fortunes de petits travailleurs ruraux, de petits propriétaires villageois, représentent des années de travail et de privations. Nous avons connu un cultivateur relativement aisé, qui, pendant toute sa vie, n'a pas déboursé un sou pour faire ferrer ses chevaux. Il ramassait avec soin les fers à cheval qu'il trouvait sur les routes, les rebattait lui-même dans ses moments perdus et ferrait lui-même ses chevaux. Il réussissait ainsi à économiser quelques centaines de francs par an.

Pour les petites économies de chaque jour, la femme de la campagne est incomparable. Associée directement à son mari, tandis que celui-ci mène la charrue, la femme trait les vaches, donne à manger au bétail, cultive le jardin, fabrique le beurre et le fromage et dirige l'intérieur. C'est elle qui veille à l'entretien des vêtements et des chaussures, qui prépare la nourriture de la famille et du personnel, qui évite le gaspillage, et qui, le jour du marché, sait combiner les achats de la façon la plus avantageuse. Elle tient dans ses mains la prospérité du ménage et celle de l'exploitation, et bien rares sont les cultivateurs qui font de bonnes affaires s'ils ne sont aidés par leur femme.

C'est elle, d'ailleurs, qui, la plupart du temps, tient les cordons de la bourse, reçoit, pèse, compte et prévoit. C'est donc elle, surtout, qui peut mettre de côté. Mais s'il s'agit d'un petit cultivateur, d'un modeste journalier dont les économies ne peuvent guère dépasser quelques francs par mois, la tentation ne sera-t-elle pas bien forte de puiser dans ce petit trésor? Comment le défendre, d'abord contre les voleurs, ou contre les convoitises d'un mari ivrogne ou d'un fils prodigue?

La Caisse d'Épargne, qui répond à ce besoin, a donc rendu à la classe laborieuse un service

signalé (1). L'idée était simple et féconde : mettre
à la disposition des travailleurs une Caisse sûre et
solide, ayant des bureaux nombreux où on puisse
verser son argent sans formalités compliquées, avec
la certitude d'en toucher l'intérêt et de pouvoir
retirer son capital sans difficultés le jour où on en
aurait besoin.

Les progrès de cette Banque des pauvres furent
cependant assez lents ; en 1830 on n'en comptait que
14 en France. Sous le Second Empire, les Caisses
d'Épargne passèrent de 364 avec 175 succursales en
1847, à 513 et 565 succursales en 1867 ; les livrets,
qui étaient de 93,695 au 31 décembre 1847, passèrent
à 1,845,603 au 31 décembre 1867, et le capital, qui
était de 358,405,724 en 1847, était, en 1867, de
570,869,172 francs. Petit à petit, les Caisses d'Épargne entraient dans les mœurs. Au début, les grandes
villes seules avaient mis en pratique le système ;
les petites villes y vinrent à leur tour et, au moyen
de succursales, se rapprochèrent des habitants des
campagnes. Les avantages des Caisses d'Épargne
furent mieux appréciés de jour en jour. Le journalier prévoyant, qui y portait de temps en temps
quelques francs d'économie, se constitua une petite
réserve pour les jours de chômage ou de maladie, et
certains furent un jour à même d'acheter un petit
titre de rente, une obligation de chemin de fer.

Remarquons en passant qu'en Allemagne et en
Italie, les Caisses d'Épargne ne sont pas seulement
des réservoirs sûrs, comme en France, mais qu'elles
entretiennent l'activité économique en favorisant

(1) La Caisse d'Epargne de Paris date du 29 juillet 1818.

les améliorations industrielles, commerciales, agricoles ou maritimes dans leur région, en prenant même des initiatives salutaires en matière d'Institutions de Prévoyance.

En France, au contraire, tous les fonds sont versés au Trésor, et cette masse énorme de capitaux peut, à un moment donné, constituer un danger immense qui a été dénoncé de longue date par tous les hommes compétents (1). On commence à s'en rendre compte, et la loi du 20 Juillet 1895 (art. 10) a donné, notamment, certaines facilités aux Caisses d'Épargne pour employer une partie de leur fortune personnelle à la construction d'habitations à bon marché. Il y a là une tendance qui mérite d'être encouragée, mais qui ne s'est manifestée encore que par quelques efforts isolés, à Marseille, à Lyon et dans quelques autres grandes villes (2).

(1) D'après le rapport officiel du 7 juillet 1907, le portefeuille des Caisses d'Epargne comprenait près de 3 milliards de rente et 400 millions de Bons du Trésor. Comment ferait le Trésor le jour où tous les déposants viendraient à réclamer leurs fonds ? L'article 3 de la loi du 20 juillet 1895 dispose que, par décret, l'État peut limiter les remboursements à 50 fr. par quinzaine, mais qui oserait espérer que cette clause de sauvegarde suffirait à écarter le danger ?

(2) La fortune des Caisses d'Epargne est placée en rentes (25 %), en immeubles, en valeurs d'État, en obligations des départements et des communes, obligations du Crédit foncier, en valeurs d'habitations à bon marché (1,40 %), en prêts hypothécaires pour habitations à bon marché, en autres valeurs locales et en comptes courants de la Caisse des Dépôts et Consignations (61 %). Il est clair que la gestion des Caisses d'Epargne demande à être surveillée, en vue d'assurer leur solvabilité ; mais, d'autre part, une tutelle exagérée les gêne singulièrement, et n'est-il pas évident que, pour les empêcher de faire des faux-pas, on les garrotte. Certains économistes vont plus loin et soutiennent que les

La Caisse Nationale d'Epargne

En dépit de l'établissement de nombreuses succursales, les Caisses d'Épargne présentaient deux inconvénients : elles étaient trop éloignées des travailleurs dans certaines régions ; enfin, si un épargnant venait à quitter le pays, il lui fallait retirer son argent pour prendre un nouveau livret. Autant de démarches qui, pour l'ouvrier, représentent des pertes de salaire.

L'idée d'utiliser les bureaux de poste pour recevoir les dépôts, plusieurs fois proposée, fut enfin réalisée, le 9 avril 1881, par la loi qui créa la Caisse d'Epargne postale. Du coup, on ouvrait 7.000 bureaux à l'épargne populaire, et cela sans faire de tort aux Caisses d'Épargne privées dont les dépôts ne cessèrent pas d'augmenter. Les conventions passées avec la Belgique le 6 mars 1897 et avec l'Italie le 15 avril 1904, en facilitant le transfert des dépôts d'un pays à l'autre, favorisèrent beaucoup l'épargne, mais l'amélioration la plus féconde fut, sans contredit, celle apportée par l'article 6 de la loi du 9 avril 1881 qui donna aux femmes mariées la faculté de pouvoir se faire ouvrir un compte et de retirer

Caisses d'Epargne ne devraient pas être régies par l'Etat, mais par des Compagnies privées, comme les assurances sur la vie par exemple. Celles-ci sont prospères, pourquoi n'en serait-il pas de même pour les Caisses d'Épargne ? S'il ne se fonde pas de Caisses d'Epargne privées ou de Banques populaires, n'est-ce pas parce que l'Etat absorbe et centralise toutes les économies ? Il a échoué, cependant, avec la Caisse des retraites pour la vieillesse, ce qui démontre bien son inexpérience en matière de capitalisation.

leurs fonds sans l'assistance de leur mari, ainsi qu'aux mineurs, sans l'assistance de leur représentant légal, lorsqu'ils ont 16 ans révolus (1).

Quelques chiffres donneront une idée des services rendus par les Caisses d'Épargne.

Le solde dû aux déposants a été :

en 1885	de 2.365 millions
— 1890	— 3.225 —
— 1900	— 4.274 —
— 1903	— 4.305 —
— 1904	— 4.375 —

Au 31 décembre 1906, les Caisses d'Épargne ordinaires devaient	3.638 millions
Et la Caisse d'Épargne postale	1.339 —
Soit en tout	4.977 —

En ce qui concerne la Caisse nationale d'Épargne, le nombre des livrets existants au 31 décembre 1906 était de 4.794.874. D'une façon générale, l'augmentation qui s'était produite jusqu'en 1900 s'est ralentie depuis cette époque.

Voici le résumé des opérations de 1902 à 1906 :

	Versements	Remboursements
1902	760.375.240	860.190.104
1903	667.870.538	836.439.645
1904	702.473.098	716.429.457
1905	762.894.569	710.919.476
1906	753.917.247	771.708.972
	3.647.530.692	3.895.687.654

(1) Toutefois le mari ou le représentant légal peut faire opposition au remboursement.

Malgré cette régression, les Caisses d'Épargne (avec la Caisse d'Épargne postale) réunissaient encore 4 milliards 700 millions appartenant à 12 millions de Français, près du tiers de la population.

Le ralentissement que nous constatons est spécial à notre pays. En Angleterre, au contraire, le solde a augmenté de 208 millions par an de 1901 à 1905 ; en Allemagne, de 458, en Belgique, de 51 millions pendant la même période.

Pour l'importance de l'épargne, nous n'arrivons qu'au septième rang avec 114 fr. 07 par habitant, alors que

le Danemark donne	418 fr.	18
la Prusse —	235 fr.	82
la Norwège —	209 fr.	27
l'Autriche —	171 fr.	72
la Suède —	148 fr.	95
et l'Angleterre —	120 fr.	97

Caisses d'Épargne scolaires et autres

L'idée première de la Caisse d'Épargne scolaire est une idée française ; elle a été conçue et mise en œuvre par quelques essais isolés, il y a 70 ans, dans trois localités de notre pays. Mais l'organisation précise, qui devait rendre l'institution presque partout possible, a été formulée en Belgique vers 1864 ; M. de Malarce, en France, et M. G. Fitch, en Angleterre, ont emprunté la méthode à la Belgique. Dans son *Manuel des Caisses d'Épargne scolaires*, M. de Malarce a exposé le règlement, le procédé d'opération et les modèles de comptabilité.

Une fois par semaine, d'ordinaire le mardi matin, l'instituteur annonce à ses élèves l'exercice de l'épargne; il reçoit les petites sommes versées par chaque élève épargnant et les inscrit immédiatement : 1° sur un registre *ad hoc*, à la page affectée au compte de l'élève, et 2° sur une feuille volante, duplicata du compte de l'élève, gardée par celui-ci qui doit la représenter à chaque versement.

Une fois par mois, les versements du mois des élèves qui ont épargné 1 franc ou plus sont transmis, en francs ronds pour chaque élève, par l'instituteur à la Caisse d'Épargne de la localité et inscrits par les employés sur un livret ordinaire de déposants. Ce livret constitue l'élève créancier direct de la Caisse d'Épargne et exonère l'instituteur de toute charge et responsabilité à cet égard. Ce livret, où l'enfant se voit traité en homme, lui donne l'habitude de l'ordre, de la sobriété, et de la prévoyance. Il est clair, d'ailleurs, que l'institution n'a de chances de succès que dans les villes ou dans les localités d'une certaine importance et pour les enfants d'une classe relativement aisée. Dans les villages, les enfants reçoivent rarement de leurs parents des sous de poche pour leurs menus plaisirs et seraient bien embarrassés pour économiser, puisqu'ils n'ont pas d'argent à leur disposition. Cependant, les campagnes ne sont pas restées complètement étrangères à ce mouvement.

L'Aisne, par exemple, comptait, en 1875, 494 Écoles munies de Caisses d'Épargne scolaires et 5.428 Écoliers pourvus du grand livret avec 128.288 francs.

L'institution avait été introduite alors dans 53 départements et dans plus de 2.300 Écoles. 155.000

enfants apprenaient ainsi à devenir sobres et prévoyants, et les parents, profitant de l'exemple, apprenaient à connaître le chemin des Caisses d'Épargne ;
on le voit bien aux progrès de celles-ci.

« Dans cette institution des Caisses d'Épargne
« scolaires, a écrit M. de Malarce, tout le monde y
« gagne : les générations de l'avenir, les enfants, par
« une meilleure éducation économique et morale ;
« les générations présentes, par la propagande que
« font, tout naturellement, dans les familles ou-
« vrières, les enfants initiés au culte de l'épargne
« par l'exercice de l'École, et enfin, les adminis-
« trateurs des Caisses d'Épargne qui verront ainsi
« leur clientèle adulte s'étendre et se renforcer, leur
« stock de dépôts grossir, leurs revenus administra-
« tifs, par là, s'augmenter, et leurs frais généraux
« relativement s'alléger en portant sur une plus
« grande masse de dépôts. »

Il est intéressant de constater que le succès de
cette institution fut plus grand encore à l'étranger
que chez nous.

En 1876, on comptait :

En Suisse,   1 livret par 5 habitants.
En Danemark,   —   6   —
En Suède et Norwège, —   8   —
En Angleterre,   —   10   —

(3,200,000 déposants, avoir : 1 milliard 700 millions).

En Prusse,   —   12   —
En Allemagne,   —   14   —
En France,   —   18   —

(2,130,000 déposants, avoir : 720 millions).

En Belgique, à la fin de 1902, le montant de l'Épargne scolaire était de 10,371,497 fr. 30.

Partout où la chose est possible pratiquement, la création d'une Caisse d'Épargne scolaire est excellente au point de vue moral ; elle fait comprendre à l'enfant que le travailleur ne peut améliorer sa condition que par un effort personnel, elle développe son initiative et le sentiment de sa responsabilité.

Remarquons la différence qui existe entre les Caisses d'Épargne scolaires, véritables Caisses d'Épargne où l'initiative seule du déposant est en jeu, et les Caisses scolaires, œuvres de charité, alimentées par des aumônes ou des subventions, pour procurer aux écoliers pauvres des vêtements, des aliments et des fournitures de classe. Ce ne sont plus là des œuvres de prévoyance, mais des œuvres d'assistance qui ne rentrent pas dans le cadre de cette étude.

Nous ne saurions davantage nous occuper des *Caisses Dotales* créées dans certaines localités à l'effet d'apprendre aux jeunes ouvrières la nécessité de l'épargne. Ces œuvres, dont l'utilité n'est pas à démontrer et qui ont obtenu un réel succès, n'ont chance de donner des résultats appréciables que dans des villes où l'on peut grossir la faible épargne des ouvrières adhérentes, par les cotisations des jeunes filles fortunées. Dans les campagnes, où les salaires sont minimes, une jeune fille, servante de ferme, se montrera bien économe et bien industrieuse si elle parvient, après avoir pourvu à son entretien, à mettre une centaine de francs par an à la Caisse d'Épargne.

La Caisse d'Épargne, comme nous venons de le

voir, rend des services incontestables à la classe ouvrière, et elle s'est suffisamment rapprochée des travailleurs ruraux pour que ceux-ci puissent aujourd'hui bénéficier de ses services qui étaient jadis réservés aux travailleurs des villes.

L'épargne est la première étape dans la voie de la prévoyance : on épargne quand et ce qu'on veut, aujourd'hui un franc, le mois suivant rien, le mois d'après, cinq francs. L'effort est nécessaire, mais il est moindre, moins méritoire et moins fécond que celui qui consiste à faire des versements réguliers à une Société de secours mutuels, à une Assurance. L'engagement contracté implique, en effet, une prévoyance plus éclairée, à plus longue portée.

L'épargne, en définitive, c'est le point de départ, et la Caisse d'Épargne, qui permet d'accumuler les produits de l'épargne, est donc une institution des plus utiles. Son inconvénient, c'est qu'il est si facile de retirer son argent que beaucoup de déposants résistent difficilement à cette tentation. D'autre part, les gains des travailleurs ruraux sont peu élevés et ne leur permettent pas, par conséquent, de mettre beaucoup de côté. Les faibles sommes déposées à la Caisse d'Épargne par les ouvriers des campagnes ne sauraient donc les mettre à l'abri du besoin et des misères possibles. Nous verrons plus loin comment l'association, la mutualité surtout, peut étendre et décupler le pouvoir de l'épargne.

II

Sociétés de secours mutuels rurales

Considérations générales sur les Sociétés de secours mutuels rurales. — Caisses mutuelles de secours. — Mutuelles scolaires. — Caisses dotales. — De quelques
autres mutuelles (Œuvres du trousseau, Mutuelles maternelles, etc.). — Observations générales.

Considérations générales
sur les Sociétés de secours mutuels rurales

M. René Bazin, s'inquiétant de l'état d'incertitude
et de souffrance de la société rurale, constate que
trop souvent les gens de la campagne sont des abandonnés. « La fraternité s'en va, dit-il, la haine
« monte. Les hommes du village se redoutent les
« uns les autres. Ils craignent la délation, le jour-
« nal, le député, les répartiteurs, le percepteur, le
« garde champêtre, tout ce qui peut les desservir
« auprès de la puissance monstrueuse et prodigue
« de promesses d'où ils attendent, de plus en plus,
« le pain quotidien. »

Sans doute, les passions politiques et religieuses
ont jeté le trouble et la division dans beaucoup de
communes ; sans doute, beaucoup de fils de paysans
ne rêvent que places de fonctionnaires et attendent
du député ou du préfet la satisfaction de leurs désirs
ou de leurs appétits, mais ce n'est pas cependant la
politique qui a été la cause principale de la dépopu-

lation des campagnes. Nous en avons indiqué quelques-unes au commencement de cette étude et on a vu combien elles étaient nombreuses. Il est clair que l'organisation plus perfectionnée et plus complète des secours dans les villes peut exercer une certaine influence sur quelques ouvriers agricoles qui espèrent y trouver un peu plus de sécurité pour leur existence et celle des leurs.

N'est-il pas possible de garantir également les ouvriers ruraux contre les conséquences de la maladie et de la vieillesse? Le problème ne s'est pas posé seulement de nos jours, et les bureaux de bienfaisance et les hôpitaux datent de loin, mais c'est là de l'assistance; or, l'assistance publique, qui nous ruine et nous opprime (1), n'a jamais guéri la misère, au contraire. Cependant, l'intérêt social exige que le travailleur agricole, comme l'ouvrier de la ville, puisse envisager l'avenir sans effroi et qu'il soit mis à même d'assurer lui-même sa situation, par son épargne et par sa prévoyance.

Le moyen est connu de longue date, c'est l'association. Grâce à l'association, le travailleur rural puisera dans la pratique de la mutualité, les principes de discipline, d'économie et de morale qui sont les sûrs agents de la paix sociale.

Les Sociétés de secours mutuels ont résolu, on peut le dire, le problème de la maladie. Moyennant une cotisation minime, le sociétaire reçoit une indemnité en cas de maladie; ses frais de médecin et de pharmacien sont payés, de même que ses funé-

---

(1) L'Assistance publique a un budget de 100 millions, dont 61 millions passent en frais d'administration.

railles, enfin des secours sont alloués généralemen
aux veufs, veuves ou orphelins des membres décédés.

La mutualité est vieille comme le monde. Il existait des Sociétés mutuelles chez les Athéniens, chez
les Romains (1) et au moyen âge. Tandis que les
corporations de métiers s'occupaient, dans les cités,
de la protection des faibles, des Confréries charitables, que la Révolution n'a pu faire disparaître,
existaient dans de nombreuses paroisses rurales.
L'agriculture n'est-elle pas d'ailleurs, comme l'a
observé très justement M. Mabilleau, le domaine de
prédilection de la mutualité ? « Celle-ci repose, en
« effet, sur deux principes essentiels : l'effort per-
« sonnel et l'esprit de solidarité. Dans quelle pro-
« fession l'un et l'autre sont-ils plus nécessaires que
« dans celle-ci ? L'agriculture n'attend rien de l'État-
« providence, rien non plus du patron (son vrai
« patron c'est la terre), que la liberté et le moyen
« de travailler sans relâche... Solidaire du milieu
« économique et social, l'agriculture l'est plus
« qu'aucun autre : climat, nature du sol, genre de
« production, instruments de travail, origine et im-
« portance des ressources, difficulté de la vie,
« échelle des bénéfices, tout est commun aux culti-
« vateurs du même coin de terre. Ils sont mutua-
« listes par prédestination et par nécessité. »

En 1851, un Rapport officiel constatait l'existence
de 43 sociétés de secours mutuels créées avant la
Révolution et qui n'étaient autres que d'anciennes
Confréries. Une Société de secours mutuels de

(1) DE CONTENSON : *Syndicats, Mutualités, Retraites.*

Cadillac (Gironde) date de 1609 et a gardé son nom de Confrérie de Saint-Jean.

On voit donc que des Sociétés de secours mutuels peuvent être organisées dans les communes rurales puisqu'il en a existé de longue date sous le nom de Confréries. Cependant, de nos jours, les Sociétés de secours mutuels rurales ont été longtemps considérées comme impossibles à constituer. « D'ailleurs, « disait-on, elles seraient inutiles. Les ouvriers « agricoles n'ont-ils pas les bureaux de bienfaisance, « l'assistance médicale, les hôpitaux, sans compter « la charité privée. L'assistance suffit dans les cam- « pagnes, car l'association y est impraticable. Com- « ment songer, d'ailleurs, à demander une cotisation, « même minime, à des ouvriers dont le salaire est « irrégulier et qui n'ont souvent que des provisions « de grains, de fruits et de légumes, mais peu d'ar- « gent ? S'agira-t-il de trouver des membres hono- « raires, leur nombre sera singulièrement restreint « et il se maintiendra à peine ; le choix du président « lui-même sera une difficulté, à cause des rivalités « de clocher ou de la pénurie des dévouements intel- « ligents. De plus, la dissémination des habitations « et l'état des voies publiques, pendant l'hiver sur- « tout, éloigneront les rapports du Président avec « les sociétaires. Enfin les habitants des campagnes « n'ont aucune tradition du passé, aucun usage du « présent, qui les prédisposent en faveur de l'esprit « d'association... »

Ces objections ne laissent pas de présenter une certaine valeur ; on ajoute que la vie au grand air assure aux travailleurs des campagnes une santé plus robuste. Ils sont donc moins exposés que les

ouvriers des villes. Le fait est exact ; malheureusement la vie rurale ne dispense pas des maladies.
Alors, que faire ?

Les bureaux de bienfaisance ne sont pas riches
dans les villages ; à peine s'ils parviennent à donner
en hiver quelques bons de pain et de bois à des
indigents notoires.

L'hôpital ? mais qui paiera ? — Sa famille ? Mais
celle-ci peut, sans être dans la gêne, ne pas être en
mesure de payer les frais de séjour ? — La commune ? Mais les communes rurales ont si peu de
ressources et tant de charges qu'elles y regarderont
à deux fois avant d'en assumer une nouvelle dont
on ne peut préciser la durée, et cela, même avec la
subvention du département.

L'Assistance médicale gratuite ? Mais tous les
ouvriers agricoles, et les petits cultivateurs encore
moins, ne figurent pas sur les listes d'assistance
gratuite. Il y a plus, ils hésiteraient à demander
leur inscription, ayant la légitime fierté de subvenir
à leurs besoins par leur travail.

L'Association mutuelle trouverait donc une application très utile pour cette classe de travailleurs
qui n'auraient plus de fausse honte à avouer leurs
souffrances s'ils s'étaient inscrits à une Société de
secours mutuels précisément en vue de faire venir
un médecin, de se procurer des médicaments et de
s'assurer une indemnité pendant le chômage forcé
qu'entraînerait une maladie.

Le recrutement des membres honoraires, indispensable pour grossir les ressources de la société,
sera évidemment plus difficile dans les communes
rurales que dans les villes ; en revanche, l'adjonction de ces membres honoraires, fût-elle restreinte,

aura donné un résultat excellent au point de vue
social, en amenant l'ouvrier, le petit cultivateur, à
comprendre que les propriétaires aisés ne sont pas
ses ennemis. La mutualité n'a pas seulement pour
résultat de grouper les membres participants, de
créer un lien entre eux et de leur apprendre la force
de l'association, mais aussi de rapprocher les
classes par l'adjonction des membres honoraires.

On objecte qu'en 1854, les Conseils municipaux,
consultés sur l'opportunité de créer dans chaque
commune une Société de secours mutuels, ont
répondu d'une façon défavorable. Évidemment l'enquête en question était prématurée ; cette institution, déjà connue et appréciée par les populations
ouvrières des grandes villes, était absolument
inconnue dans les campagnes, où l'on se méfie des
nouveautés ; on avait vu là, non un progrès, mais
une charge nouvelle, presque un impôt. Cela n'em-
pêcha pas que, sous le second Empire, les Sociétés
de secours mutuels prirent un développement important dans certains départements agricoles, grâce à
l'intervention puissante de l'Administration.

La loi du 15 juillet 1850, le décret du 22 janvier 1852 et le décret organique du 26 mars 1852, en
assurant des avantages sérieux aux Sociétés approuvées, les plaçait, il est vrai, sous la dépendance de
l'Administration supérieure. Il n'est pas moins certain que cette dépendance, qui paraîtrait aujourd'hui
intolérable, n'eut pas pour résultat d'entraver l'ex-
pansion des Sociétés de secours mutuels, au contraire (1).

(1) Le décret du 22 janvier 1852 constitua une dotation de
10 millions convertie en rente perpétuelle de 437,500 francs
et le décret du 29 mars 1852 concéda divers avantages aux

Au 31 décembre 1851, par exemple, on comptait 2,237 sociétés avec 20,192 membres honoraires et 255,472 participants, possédant un avoir de 9,649,660 francs. Au 31 décembre 1867, ces Sociétés étaient au nombre de 5,829 dont 4,127 approuvées, avec 112,205 membres honoraires et 750,590 participants, possédant un avoir de 46,031,791 francs dont 30,959,806 aux Sociétés approuvées. Ces dernières avaient, sur cette somme, un capital de 13,361,632 francs affecté à la constitution de fonds de retraite.

De 1856 à 1867, les sociétés approuvées ont servi, au moyen de leurs fonds de retraite, 2.332 pensions viagères.

Il est juste d'ajouter, d'autre part, que l'attention du gouvernement se porta d'une façon particulière sur les Sociétés de secours mutuels rurales. Une circulaire de M. Boudet, ministre de l'Intérieur, constatait, le 5 septembre 1863, qu'à cette date il existait dans le Jura près de 300 Sociétés de secours mutuels approuvées, ce qui démontre suffisamment — entre parenthèses — la possibilité d'établir et de faire prospérer les sociétés dans des communes qui, par leur peu d'importance, semblent devoir être à jamais privées des bienfaits de la mutualité.

Dès cette époque, de nombreuses publications spéciales étaient consacrées spécialement à l'organisation des Sociétés de secours mutuels rurales (1).

_____

Sociétés approuvées (notamment la facilité de constituer à la Caisse des Dépôts et Consignations des fonds de retraite collectifs au nom de la Société).

(1) *Manuels des Sociétés de secours mutuels*, indiquant notamment les règles à observer dans les campagnes, par l'abbé BONAL, curé de Saint-Marcel-de-la-Maison-Blanche.

M. Louis Durand, dans une petite brochure curieuse à relire aujourd'hui, parce qu'elle prouve qu'il n'y a rien de nouveau sous le soleil (1), indiquait avec beaucoup de précision la meilleure manière de procéder pour organiser une Société de secours mutuels dans une commune rurale.

Un avis, publié ou affiché, une convocation à une réunion publique, ne sauraient aboutir, disait-il. Des démarches permettront seules d'obtenir des adhésions, si ces démarches sont faites par une personne jouissant d'une popularité honnête et d'une considération incontestée. Là est la difficulté ; il faut trouver cette personnalité, l'homme dévoué et estimé qui prenne à cœur cette œuvre. Qu'on ne dise pas qu'il y a là une impossibilité ; il n'est guère de communes où cet homme n'existe, le tout est de le découvrir. Les débuts de la société seront sans doute difficiles, surtout dans les villages de moins de 500 habitants ; peut-être pourrait-on, dans ce cas, étendre le recrutement dans deux communes voisines ; cela dépend des localités.

Certaines conditions sont d'ailleurs indispensables à la mutualité pour donner des résultats ; le

Essai sur les institutions de prévoyance, par M. Jules SEURRE, membre du Conseil général de Saône-et-Loire, président de la Société de secours mutuels de Demigny.

Bulletin des Sociétés de secours mutuels, publication mensuelle (6 fr. par an).

De l'association dans la commune, par le Dᵉ FRARY, chevalier de la Légion d'honneur, membre du Conseil général de l'Oise, président de la Société de secours mutuels de Tracy-le-Mont.

(1) _Des Sociétés de secours mutuels rurales_, P. Dupont, 1864, par Louis DURAND, secrétaire particulier du préfet du Jura.

grand nombre des adhérents est une de ces conditions indispensables. C'est pourquoi on ne doit pas
trop pousser à la multiplication indéfinie des Sociétés
de secours mutuels dans les localités de toute petite
importance. Ces sociétés, en effet, ne trouvent pas
à se recruter suffisamment ; leurs ressources ne sont
pas à l'abri d'une épidémie ou d'une mortalité un
peu prolongées ; la loi des grands nombres peut seule
les sauver, et il faut pour cela que ces diverses localités se groupent d'abord elles-mêmes, pour fonder
ensuite une mutualité inter-communale.

La forme la plus simple et la plus préconisée est
la forme cantonale et elle est employée de plus en
plus pour la propagation effective de la mutualité
scolaire au village. Il ne s'agit pas ici d'une fédération, toujours facile, de sociétés qui demeurent individuellement indépendantes l'une de l'autre, mais
d'une seule et unique société. Quelquefois cette
société peut, sans embrasser le canton tout entier,
se réduire à quelques communes seulement, dont le
nombre, d'ailleurs, peut être assez considérable ; ces
sociétés sont ordinairement prospères.

Une des plus intéressantes, parce que des plus
vivantes, est celle de *L'Union*, Société de secours
mutuels approuvée des communes de Montigny-sur-
Loing, Épizy, Bourron, Grez, Fromonville, La Gen-
nevraye, Encelles, Recloses, Ury et Nouville, en
Seine-et-Marne (1).

(1) Cette société, fondée le 1ᵉʳ mai 1901 entre ces dix communes rurales peu fortunées, compte 443 membres, elle a
pu distribuer 10.000 francs de secours ; elle a célébré, en 1909,
par des fêtes, la création du fonds de retraites et l'admission des femmes dans la société.

Il est certain que, dans les régions montagneuses, par exemple, par suite de la difficulté des communications entre les hameaux perdus dans les montagnes, les mutualités villageoises végètent; leur effectif est insuffisant, les visites médicales sont relativement élevées par suite des distances; la nature de ces pays, qui rend la mutualité si utile, s'y oppose en même temps. Cependant ces populations rurales sont le grand réservoir des forces vitales de la France.

Il serait donc utile de resserrer les liens qui unissent les diverses sociétés, et, pour cela, il faudrait fonder des caisses de réassurances, en élevant au besoin la cotisation supplémentaire habituelle de o fr. 15 à o fr. 20. Dans de nombreux départements des unions se forment avec ce programme, citons la Haute-Savoie, le Gard, dont l'union comptait 97 sociétés adhérentes avec un effectif de 92.000 membres, le Loir-et-Cher, l'Yonne, la Loire, etc...

Pour les Sociétés de secours mutuels comme pour les Syndicats agricoles, comme pour toutes les sociétés, en fin de compte, surtout pour les associations charitables de bienfaisance ou de prévoyance, le choix du président a une importance considérable. C'est de lui que dépend la vie et le succès de la société, surtout dans ses débuts.

Depuis quelques années, d'ailleurs, les idées de mutualité ont fait du chemin, et la tâche des fondateurs est devenue plus facile. Le cadre de la mutualité s'est élargi. Jadis elle ne visait que le chef de la famille. C'était lui qui était soigné pendant la maladie, et, à sa mort, il ne laissait rien à sa femme et à ses enfants.

Cette mutualité a fait son temps. A la mutualité individualiste se substitue la mutualité familiale; le père y entre avec sa famille tout entière (1).

Les Syndicats agricoles ont accoutumé peu à peu les populations rurales aux idées d'association; des Sociétés de crédit agricole, des Assurances mutuelles contre la mortalité du bétail, des Coopératives se constituent de tous côtés sous le couvert des syndicats; les Syndicats peuvent beaucoup également pour la diffusion des Sociétés de secours mutuels, et ils l'ont prouvé par les résultats obtenus.

Un des principes, en matière de mutualité, c'est que, pour avoir chance de succès, une société mutuelle doit avoir un caractère professionnel. La communauté des professions facilite, en effet, le recrutement des membres dans les centres, et aussi la perception des cotisations et la surveillance des malades pour éviter les abus. « Entre ces personnes qui ont, dit M. de Contenson, les mêmes occupations, le même genre de vie, les mêmes intérêts et le même idéal, entre ces artisans de la même œuvre, il s'établit forcément des relations forcées de camaraderie et de fraternité, ce qu'on appelle, en termes militaires, l'esprit de corps et qui peut se transformer aisément en lien de mutualité (2). »

Il est clair que, si cet esprit de corps peut exister à la ville entre travailleurs du même état, il doit exister à plus forte raison entre ouvriers agricoles ayant les mêmes occupations, les mêmes besoins,

(1) Combinaison prévue par l'art. 31 des statuts modèles du ministère de l'Intérieur et recommandée par le congrès national de la mutualité (1900).

(2) L. de Contenson : *Syndicats, Mutualités, Retraites.*

les mêmes soucis, habitant des petites localités où tous se connaissent et se coudoient du matin au soir. On voit la colossale erreur de la Révolution qui, par la loi du 14 juin 1791 (art. 2), interdisait aux citoyens d'un même état ou profession de se réunir pour délibérer sur leurs prétendus (?) intérêts communs.

Caisses mutuelles de secours

Un certain nombre de Syndicats ont créé des caisses de secours en cas de maladie. Ces caisses ont pris à peu près toutes les formes de la bienfaisance ; elles s'adressent, en effet, aux orphelins, aux veuves, aux familles d'appelés sous les drapeaux, aux malades et aux vieillards.

Là où aucune contribution n'est exigée du bénéficiaire, il s'agit d'une œuvre de bienfaisance pure qui ne rentre pas dans le cadre de cette Étude. Cependant, il en est qui affectent un caractère nettement marqué de mutualité. La Caisse libre de Secours mutuels du Syndicat agricole des cantons de Crest (Drôme) est dans ce cas. Tout sociétaire qui demande un secours doit justifier du paiement de sa cotisation.

La *Fraternelle de Couzein*, dans la Haute-Vienne, autre Société de secours, est plus complète puisqu'elle s'est donné pour but :

1º De fournir des indemnités pécuniaires aux sociétaires atteints par la maladie ;

2º D'accorder une indemnité mortuaire au conjoint survivant ou à la famille du sociétaire décédé ;

3º De venir en aide aux sociétaires par tous les autres moyens dont elle dispose ;

4° De constituer même, si possible, avec ses réserves, des pensions de retraite à ses vieux sociétaires.

Peuvent faire partie de la Société, à titre de membres participants, tous les habitants des deux sexes de la commune, âgés de 10 ans révolus, et nul ne peut y être admis après la cinquantième année. Mais les membres participants qui quittent la commune peuvent continuer à faire partie de la Société.

Les membres participants s'engagent à payer une cotisation annuelle de 12 francs.

Tout sociétaire qui voudra faire participer sa femme et ses enfants âgés de 10 ans aux avantages de l'Association paiera, en plus, une cotisation annuelle de 12 francs pour sa femme et de 4 francs seulement pour chaque enfant, jusqu'à l'âge de 16 ans. Cette limite d'âge passée, la cotisation entière sera due.

L'exemple de la *Fraternelle de Couzein* montre qu'une telle Association de prévoyance est, non seulement viable, mais peut devenir prospère, comme le prouve le bilan ci-dessous, établi après six années de fonctionnement.

La Société, encore jeune (elle date de 1903), a déjà comme adhérents : 67 hommes, 6 femmes et 3 enfants, soit 78 sociétaires. Les indemnités payées pour maladies ont varié, suivant les années, de 0 à 294 francs avec une moyenne annuelle de 111 francs.

En 1906, son fonds de retraites avait reçu de l'État une subvention de 587 francs et, au 31 décembre 1907, ses réserves atteignaient déjà 4,300 francs. Elle est donc presque riche, sans compter les avantages qu'une telle organisation ne peut manquer d'assurer à ses adhérents tant au point de vue des achats de remèdes que des soins médicaux.

Il est une autre éventualité prévue par certaines Sociétés de secours mutuels. Tout comme le travailleur urbain, le travailleur rural peut subir les tristes conséquences du chômage. Dans ce cas, un article des statuts permet de leur fournir des subventions, par exemple en cas de chômage forcé par l'appel sous les drapeaux comme réserviste ou territorial. Dans tous les cas, le secours pour chômage est limité à une certaine période. Ces dispositions sont d'ailleurs assez rares dans les Sociétés de secours mutuels rurales.

Il est clair que les statuts ne seront pas identiques dans les grandes villes et dans les petites bourgades. La Société de secours mutuels de Bayeux, par exemple, recrute des adhérents à 6 francs par an ; pour les petites communes, on peut, comme nous l'avons dit, en grouper plusieurs autour d'une plus importante. L'essentiel est de baser le chiffre de la cotisation sur le salaire des ouvriers et de ne pas vouloir aller trop vite et prétendre du premier coup assurer des secours aux veuves et aux orphelins et des retraites aux membres adhérents, ouvrir une bibliothèque, un ouvroir, des coopératives, une banque populaire, etc...

Il est à désirer que les instituteurs s'attachent, dans les exercices de lecture et d'écriture, à donner à leurs élèves des deux sexes les premières leçons de prévoyance et de mutualité. Quoi de plus simple, par exemple, que de remplacer certains prix par des livrets de Caisse d'Épargne ?

Le rôle de l'instituteur peut être fécond en résultats si le maître, pénétré de l'influence féconde des idées mutualistes, ne laisse échapper aucune occasion d'en entretenir ses élèves. A lui de montrer aux enfants que l'Assistance publique trop large, trop facile, finirait par devenir la plaie de notre époque, que ses abus aboutiraient à l'abaissement du travailleur et à encourager l'ivrognerie, la paresse et tous les vices ; qu'au contraire les Sociétés de Secours mutuels, c'est-à-dire l'association et l'assistance mutuelle, peuvent soulager l'ouvrier en lui assurant d'abord le secours actuel contre la maladie, le chômage et la misère et ensuite le bien-être pour sa vieillesse, puisque cette institution humanitaire et patriotique peut seule réaliser, dans l'avenir, d'une façon pratique, la question des retraites pour les travailleurs.

« Nous avons l'intime conviction, a écrit le républicain Corbon (4 juillet 1848), qu'un jour viendra où la plupart des travailleurs seront passés à l'état d'associés volontaires. Mais cette transformation sera l'œuvre du temps et des efforts particuliers des travailleurs. L'État doit y aider sans doute, mais, quelle que puisse être sa part dans la lente réalisation de ce progrès, elle doit être, elle sera de beaucoup inférieure à la part qu'y devront prendre les ouvriers eux-mêmes. Il faut que le travailleur soit fils de ses œuvres... Ceux-là ne sont pas dignes d'être aidés qui n'ont pas le courage de s'aider; ceux-là n'ont pas le sentiment du vrai, ni de la liberté, ni de l'égalité, ni de la fraternité, qui ne veulent pas tenter de s'élever par des efforts soutenus et patients, mais qui attendent qu'on les élève... »

Celui qui a écrit ces lignes avait commencé à gagner sa vie à 12 ans comme tisserand; il fut ensuite peintre de lettres, métreur, typographe et sculpteur sur bois. C'était, en définitive, un ouvrier dans toute l'acception du mot. Son opinion sur la question de l'intervention de l'État est bonne à retenir. Nous avons insisté déjà, au début de cette Étude, sur ce point, qui présente une grande importance.

Les Mutuelles Scolaires

Nous avons vu qu'en dépit des difficultés qui semblaient s'opposer à l'extension des Sociétés de secours mutuels dans les campagnes, elles s'y développaient peu à peu de façon à donner pour l'avenir les espérances les plus légitimes. La mutualité a réalisé un problème encore plus compliqué; elle est parvenue à faire des adeptes parmi les enfants, dans les Écoles. Le fait ne date même pas d'hier, c'est en 1849, à La Rochelle et, en 1856, à Dunkerque, que les Frères de la Doctrine chrétienne ont pris l'initiative de ces sociétés; et, en 1869, les Filles de la Charité faisaient avec succès, à Marseille, l'essai des Mutuelles scolaires pour les filles. En 1881, enfin, M. Cavé, ancien négociant, ancien juge au Tribunal de Commerce de Paris, a eu l'audace heureuse de propager parmi les enfants des deux sexes, au moyen d'un versement de dix centimes par semaine, l'esprit d'épargne à la fois personnelle et collective.

Le succès a été incontestable dans le XIXe arrondissement de Paris, où la Société de secours mutuels et de retraite comptait, en 1908, 6,780 enfants membres participants et 300 membres honoraires, soit 7,080 sociétaires.

Deux sous par deux sous — un sou pour la retraite, un sou pour les journées de maladie — en 27 ans elle a encaissé 699,408 fr. 47. Elle a placé à la Caisse nationale des retraites plus de 145,000 francs. Elle a versé à la Caisse des Dépôts et Consignations 351.000 francs. Elle a payé plus de 145,000 francs pour indemnités de maladie, à raison de 50 centimes par jour. Elle s'achemine rapidement vers son premier million.

Nous ne saurions nous étendre longuement sur une institution qui ne rentre pas, à vrai dire, dans le cadre de notre Étude, puisque ces Mutuelles, si intéressantes qu'elles soient, ne peuvent fonctionner que dans de grandes agglomérations. Nous nous bornerons à dire qu'il résulte d'un rapport officiel du ministre de l'Intérieur de 1902 qu'au 31 décembre 1900, on comptait 1,389 sociétés scolaires comprenant 32,756 membres honoraires et 346,932 membres participants.

« En province, écrit M. Édouard Petit dans un rapport de 1909, la mutualité scolaire groupe 3,394 sociétés, dont 2,014 à livret individuel et 1,380 à base de fonds commun. Les départements où la mutualité scolaire a le plus pénétré sont : l'Aisne, les Ardennes, l'Aube, la Charente-Inférieure, la Côte-d'Or, le Finistère, le Gard, la Haute-Garonne, la Gironde, l'Hérault, l'Indre-et-Loire, l'Isère, les Landes, la Haute-Marne, le Nord, l'Oise, le Pas-de-Calais, les Basses-Pyrénées, la Seine-Inférieure où la mutualité scolaire groupe 14,514 filles et 18,419 garçons.

M. Petit signale la fondation à Lille de la Jeunesse prévoyante, et, à Caen, l'institution d'une mutualité féminine faisant suite pour les jeunes filles à la mutualité scolaire.

A Paris, d'après le rapport de M. Bédorez, directeur de l'Enseignement primaire de la Seine, à M. Liard, vice-recteur de l'Académie de Paris, la mutualité scolaire est en pleine prospérité et est devenue la forme la plus prospère de la propagande après l'École ; elle groupe à Paris et dans la Seine un total de 86,979 adhérents, dont 39,040 filles et 47,937 garçons.

Le Congrès de la Jeunesse Catholique tenu à Arras au mois de mai 1904 a permis de constater également le succès de ces Mutuelles scolaires dans les Écoles libres.

Ce sont là, assurément, des résultats extrêmement intéressants. Déjà, il y a près de 800,000 enfants qui, au moyen d'un modique versement de dix centimes par semaine — 5 fr. 50 par an, — ont fondé la plus vaste œuvre de mutualité produisant 80.000 francs par semaine et accumulant chaque année le capital énorme de plus de quatre millions.

A 65 ans, l'ancien petit mutualiste de l'École maternelle, en supposant qu'il n'ait versé ses deux sous par semaine que jusqu'à sa majorité, aura une retraite de 220 francs. C'est en prévision de ces avantages qu'un certain nombre de membres de l'Université et du Parlement ont préconisé l'idée de la mutualité scolaire rendue obligatoire comme l'est déjà la fréquentation scolaire.

M. Paul Deschanel, qui est un des protagonistes de cette réforme, en explique le fonctionnement de la façon suivante :

' Chaque année, le maire dresse dans chaque com-

mune la liste des enfants en âge de scolarité et avise
les parents de la date de la rentrée des classes. Il y
joindra l'avis de verser la modique cotisation de 5
ou 10 centimes par semaine.

Pour les enfants assistés, c'est le département qui
paiera la cotisation. Pour les enfants des familles
indigentes et pour ceux des familles nombreuses
(au-dessus de trois enfants), l'État, le département
et la commune contribueront au versement.

Le service des retraites sera organisé dans chaque
département par le Conseil général au moyen des
Sociétés scolaires de secours mutuels actuellement
existantes ou à créer. Chaque mois, le maire versera
le montant des cotisations soit à la Caisse des
Dépôts et Consignations, soit à une Union de Sociétés de secours mutuels agréée pour la retraite, soit
à une Caisse départementale contrôlée par le Conseil général.

C'est une noble et généreuse idée que celle d'initier
chaque citoyen aux bienfaits de la prévoyance et de
la mutualité dès la plus tendre enfance. Les quelques
sous économisés et placés au début de la vie arrivent, comme par magie, à constituer une petite rente
au moment de la vieillesse. Habituer l'enfant à
l'épargne, c'est faire pénétrer en même temps dans
la famille, dans la société tout entière, cette conviction que l'imprévoyance n'est pas seulement un mal
individuel, mais un fléau social que chacun doit
s'appliquer à combattre.

Pour mener à bien les œuvres de prévoyance, on
ne saurait commencer trop tôt, et l'école apparaît
comme le premier terrain où doivent germer et
prospérer les idées de mutualité et de prévoyance.

Dès l'école, il faut encadrer l'enfant dans les rangs
des mutualistes ; il sera de la sorte gagné définitive-
ment aux idées de prévoyance.

L'idée de faire des écoles la pépinière des Sociétés de secours mutuels est donc excellente et présente une grande portée sociale ; malheureusement
les chiffres indiqués plus haut constituent un peu un
trompe-l'œil. En effet, on a enregistré d'office dans
la mutualité une quantité d'enfants qui, devenus
libres, ont abandonné leurs livrets ; on a signalé
l'entrée en masse dans la mutualité de 40,000 pupilles de l'Assistance publique, mais c'est là de la
mutualité d'État, pourrait-on dire ; c'est de l'assistance, c'est de l'administration, ce n'est pas de la
mutualité véritable. Au surplus, si les Sociétés de
secours mutuels sont difficiles à organiser dans les
campagnes en raison de la faiblesse des salaires
des travailleurs ruraux et de l'irrégularité de leurs
gains, on comprend combien, à plus forte raison, il
serait difficile à un instituteur d'organiser une
mutuelle scolaire avec 20 bambins qui seraient bien
embarrassés pour verser chaque semaine o fr. 10
qu'ils ne possèdent pas. Ajoutons que l'idée de
rendre les versements obligatoires pour les enfants
soulève les mêmes objections que l'obligation imposée aux adultes. Ce ne serait plus là de la prévoyance,
mais un impôt nouveau frappant surtout les classes
laborieuses.

Les mutuelles scolaires peuvent avoir quelque
succès dans certaines villes ; nous ne croyons pas
qu'elles soient pratiques et qu'elles aient beaucoup
d'avenir dans les villages.

Nous en dirons autant des *Caisses dotales* créées

dans un certain nombre de localités, et qui sont aujourd'hui reconnues officiellement comme des Sociétés de secours mutuels authentiques.

Caisses dotales

Ces caisses se répandent de plus en plus.

Plusieurs, comme « La Grande Scolaire Landaise », paient elles-mêmes les dots constituées à l'aide des sommes déposées aux fonds libres, qui jouissent du taux de 4 1/2 pour 100 et qu'elles retirent selon les besoins.

Au point de vue des subventions, la société touche de l'État une subvention globale de 500 francs.

Ces caisses dotales ont le grand avantage d'intéresser plus directement et plus immédiatement les familles, en rapprochant le terme auquel les intéressés jouiront du fruit de leur épargne.

Ce sont ces avantages qui ont amené un certain nombre de mutualités scolaires faisant la retraite à y renoncer pour constituer des caisses dotales. On peut concilier les deux. Il faut même se défier d'une erreur assez commune au tempérament français. Dès qu'une combinaison nouvelle se produit, on commence par la réputer dangereuse, impraticable ; puis, au bout de quelque temps, on s'y jette aveuglément, comme si elle devait constituer une panacée universelle ; comme on s'attend à n'y trouver que des qualités, on s'y heurte brutalement aux imperfections et on la rejette avec aussi peu de mesure qu'on l'avait acceptée.

C'est pourquoi, pendant un moment, tout est aux

retraites, tout est à la coopérative ; quiconque ne fait pas de retraites, ne préconise pas la retraite, à l'exclusion de tout autre système, ne mérite même pas d'être entendu. Au bout de six mois, la retraite ou la coopérative est démodée ; elle ne vaut plus rien, elle n'a même jamais rien valu, c'était de la folie.

Il faut procéder avec plus de mesure. La caisse dotale est extrêmement intéressante ; simple comme système, elle peut obtenir la sympathie et la confiance, précisément parce qu'elle ne reporte pas trop loin la réalisation de ses promesses ; mais il serait excessif de vouloir la substituer absolument aux retraites ouvrières. Il est bon de faire l'éducation mutualiste des familles et des enfants, et de leur apprendre à ne pas se montrer âpres au gain et soucieux seulement de faire un placement avantageux à rendement très prochain.

Ce serait d'ailleurs et pratiquement le pire des services que l'on pourrait rendre aux caisses dotales que de paraître les opposer aux caisses de retraites.

Autres mutuelles

Certaines mutuelles scolaires ont créé comme annexe une œuvre spéciale, celle des colonies de vacances, aujourd'hui très populaire dans les grandes villes. La question s'est posée de savoir si les statuts des scolaires actuellement en vigueur permettent d'affecter une somme quelconque au paiement d'un séjour à la mer ou à la campagne des enfants mutualistes. Il apparaît bien que non, à s'en tenir à la lettre des statuts modèles, et qu'il ne peut y avoir indemnité qu'autant qu'il y a eu maladie dûment constatée. Mais rien n'empêcherait d'introduire dans les statuts des scolaires un article prévoyant le traitement préventif. Au surplus, la question touche peu les scolaires rurales, comme l'œuvre dite du *Trousseau*, fondée par M. Goffray, maire de Saint-Quentin-Fallavier (Isère).

Le *Trousseau* a été créé entre les élèves et anciennes élèves de l'école des filles, dans le but de fournir à toutes les ressources indispensables à la confection d'un trousseau.

Les fillettes sont admises dans la société à l'âge de six ans au moins, la cotisation hebdomadaire est de dix centimes; elle doit se continuer jusqu'à l'âge de dix-huit ans pour fournir un trousseau, lequel comporte 72 pièces de lingerie : 12 chemises, 3 camisoles, 12 mouchoirs, 4 pantalons, 6 draps, 4 taies d'oreiller, 12 essuie-mains, 12 serviettes de table, 6 serviettes de toilette, 2 tabliers.

La matière première est achetée par le comité directeur, le travail se fait sous la direction des maîtresses; à chaque année correspond un plan de travail. Comme le temps de la scolarité n'y suffit pas, les anciennes élèves se réunissent une fois par semaine pour travailler à compléter leur trousseau; l'école reste donc la caisse d'épargne de ce trousseau ainsi lentement élaboré. Nous n'avons pas à envisager ici l'influence profonde que les directrices de cette école peuvent conserver sur leurs anciennes élèves, ainsi liées à elles pendant toute leur jeunesse; nous ne considérons que la question mutualité : l'initiative est intéressante.

Citons encore les *mutualités maternelles* qui

fonctionnent dans certaines villes. Celle de Saint-Étienne, par exemple, avait, au 31 décembre 1908, assuré le service de couches de plus de 700 femmes; son dispensaire a donné 400 consultations de femmes et de nourrissons; elle a enregistré 30 naissances de plus qu'en 1907 et a vu s'abaisser de 19 à 6 pour 100 le taux de la mortalité infantile dans la ville de Saint-Étienne. Et il s'agit là, non d'une œuvre de bienfaisance, mais d'une véritable mutualité.

A Troyes, la *mutualité maternelle*, qui comptait 108 membres au 31 décembre 1907, a vu son effectif monter à 840 au 31 décembre 1908.

Mais ce sont là des œuvres dont le succès n'est guère à espérer que dans les grandes villes. On ne pourrait espérer des résultats analogues dans les campagnes qu'en groupant plusieurs communes, et nous n'avons pas trouvé trace de tentatives dans ce sens.

Considérations générales sur les Sociétés de secours mutuels rurales

S'il y a, certes, beaucoup à faire encore pour répandre dans les campagnes les principes de la mutualité, on voit cependant qu'il serait injuste de méconnaître les progrès accomplis, puisque, de 1,484, les Sociétés de secours mutuels rurales atteignaient en 1908 le chiffre de 8,780.

Comme l'a dit avec raison M. le président Fallières au banquet de la Fédération de la mutualité, « la « mutualité est devenue un des organes les plus actifs « et les mieux ordonnés de la prévoyance et de la

« solidarité... Avec elle, l'homme cesse d'être un isolé
« dans notre société si avare de ses faveurs, où tant
« de risques s'accumulent sous les pas des modestes
« travailleurs et où le bien-être n'est pas toujours,
« quoi qu'on fasse pour atténuer les traverses de la
« vie ou conjurer l'ingratitude du sort, le fruit mérité
« de l'effort soutenu et de la pratique sans partage de
« toutes les vertus domestiques...

« Je n'ai droit qu'à la pitié », se dit tristement à
« lui-même le malheureux assisté, lorsque, dans sa
« main, tombe l'aumône d'un généreux donateur. « Je
« ne reçois que parce que l'on veut bien me secou-
« rir. » Ce que met à ma disposition la Société dont
« je fais partie, dit au contraire le mutualiste, ce n'est
« ni plus ni moins que le paiement d'une somme qui
« m'est légitimement due. Quand la caisse s'ouvre
« pour moi, c'est mon bien que j'y puise, et non celui
« d'un autre. »

« Quelle différence entre ces deux situations et qui
« se refuserait à encourager une institution dont le
« fruit de l'épargne accumulée comprend des cen-
« taines de millions de francs, et qui compte aujour-
« d'hui, disséminés sur toute la surface du territoire,
« en hommes, femmes et enfants, près de 5 millions
« d'adhérents ?... »

Il serait à désirer que le gouvernement ne se bor-
nât pas à couvrir de fleurs la mutualité pour la
délaisser ensuite ou la gêner par son intervention
inopportune. Ainsi, sous prétexte de soustraire la
mutualité à la politique, ce qui était inutile puisqu'elle s'est toujours tenue en dehors des partis —
ce qui lui vaut de compter dans ses rangs des personnes de toutes les opinions — certain ministre

du Travail n'a-t-il pas eu l'idée de déposer un projet de loi ainsi conçu :

« ARTICLE UNIQUE. — Les statuts des sociétés de secours mutuels ne doivent contenir aucune disposition ayant un caractère politique ou religieux. Est nulle de plein droit toute disposition de cette nature se trouvant dans les statuts des sociétés déjà existantes. »

Le Conseil supérieur de la Mutualité, sur l'avis duquel le ministre s'appuyait pour présenter ce projet, n'a jamais réclamé semblable mesure. Il ne réprouvait, en réalité, que les amendes et les exclusions sanctionnant des dispositions statutaires relatives à la politique ou à la religion. Dépourvues de sanctions coercitives, ces dispositions lui apparaissaient comme inoffensives, voire même comme constituant entre les sociétaires un lien moral utile au recrutement et à la bonne harmonie de la société, en tous cas, comme licites au regard de la législation actuelle et comme ne méritant pas en soi d'attirer les foudres de la législation de demain.

La grande majorité des mutualistes comprend la neutralité politique et religieuse de la mutualité de la même façon que le Conseil supérieur, et n'admet pas que, sous prétexte de protéger la liberté d'opinion politique ou religieuse de certains sociétaires, on porte atteinte à la liberté d'opinion des autres et même de tous les sociétaires, lorsqu'il s'agit d'un pacte statutaire unanimement accepté.

Ce droit de se grouper dans un but d'assistance mutuelle, non pas au hasard, mais à raison d'affinités hautement déclarées, est un de ceux dont les mutualistes sont le plus jaloux. Il y a là, dans chaque société, un particularisme en quelque sorte fatal, corrigé par un remarquable esprit de tolérance. Dans les Unions et Fédérations, dans les Congrès mutualistes régionaux ou nationaux, les sociétés à recrutement professionnel, politique, philosophique ou confessionnel, fraternisent de bonne grâce, sans cacher leur drapeau, et elles ne songent nullement à se reprocher les unes les autres les conditions plus ou moins étroites de leur recrutement. Le gouvernement trouvait, au surplus, dans l'article 10 de la loi de 1898 et dans les dispositions de la loi du 9 décembre 1905 visant les cultuelles déguisées, des armes suffisantes contre tous les abus et toutes les fraudes.

Il semble bien, d'ailleurs, que le projet de loi de M. Viviani n'a été qu'une réponse *ab irato* à un arrêt du Conseil d'État que toutes les Sociétés de secours mutuels ont accueilli avec satisfaction. La Direction de la Mutualité avait prétendu exiger le remaniement total des statuts d'une Société de secours mutuels réclamant l'approbation d'une modification partielle de ses statuts. Le Conseil d'État, par un arrêté du 5 février 1909, s'y est opposé. C'est parce que la Direction de la Mutualité se plaint d'avoir été interrompue par cet arrêt dans son œuvre illégale de revision des statuts des Sociétés de secours mutuels que le gouvernement a demandé, au législateur de 1906, un moyen de contrainte que le législateur de 1898 lui avait sagement retiré. A ce point de vue, le projet de loi est nettement autoritaire et marque un véritable recul, comparé au régime de liberté que la loi de 1898 a voulu établir.

Il serait à désirer, encore une fois, que le gouver-nement, qui ne cesse d'affirmer sa sympathie pour la Mutualité, s'efforce de la prouver d'une façon plus efficace.

L'État a des devoirs à remplir envers une insti-tution qui appelle la concorde et qui peut résoudre dans la paix les problèmes les plus délicats de l'heure présente. Ces devoirs consistent à la proté-ger, à lui faciliter l'accomplissement de son œuvre, à l'encourager par ses subventions et surtout à repousser toutes les mesures qui seraient de nature à gêner son action et à stériliser ses efforts.

III

Caisses de retraites rurales

Caisse nationale de retraites. — Contre l'obligation. — Sociétés mutuelles de retraites. — Secours annexes : secours en cas de maladie ; secours anticipé en cas d'invalidité prématurée. — Assurance collective en cas de décès. — Union centrale des Caisses mutuelles agricoles, maladies et retraites. — Sociétés de retraites scolaires. — Sociétés diverses de retraites.

Caisses de retraites rurales

L'idée et le goût des retraites sont d'origine tout à fait récente. Nos pères fondaient des hospices et des asiles où l'on recueillait les vieillards usés par le travail, mais ils comptaient surtout sur la famille pour subvenir aux besoins de ceux qui ne pouvaient plus travailler. Comme l'agriculture tenait la plus grande place dans les occupations des hommes d'autrefois, le problème des retraites se posait à peine, et il ne paraît pas avoir éveillé la sollicitude des chefs d'État. Les pensions royales suffisaient pour l'élite intellectuelle ou artistique de la nation. Elles s'appliquaient aussi aux militaires blessés.

C'est à la loi du 3 août 1790 que remonte l'organisation des retraites des fonctionnaires. Ceux-là seuls paraissaient intéressants, puisqu'ils avaient vieilli au service du corps social. La formule est du temps. Ainsi commencèrent les pensions civiles ; mais elles ne furent réglementées que par la loi du

9 juin 1853, qui est la véritable charte des fonctionnaires. La retraite fut désormais considérée comme
le prix du service rendu, comme la compensation
des avantages pécuniaires qu'offriraient à l'employé
le commerce ou l'industrie et que l'État ne saurait
leur donner (1).

L'initiative privée se manifesta plus tard avec
les Sociétés de secours mutuels, les tontines, les
assurances. Puis, les grandes Administrations se
modelèrent sur l'État; et on en arriva ainsi à la conception d'une retraite pour tous les citoyens qui
n'ont pas acquis de rentes dans l'exercice de leurs
fonctions. Seuls, les travailleurs agricoles sont restés à peu près en dehors jusqu'à ce jour, et cela
pour plusieurs raisons. D'abord, parce que les salaires sont moins élevés à la campagne, ce qui rend
plus difficiles les versements réguliers; ensuite,
parce que les sociétés de retraites sont peu connues
dans les communes rurales; enfin, parce que la
vieillesse est moins redoutée dans les campagnes.
Cette dernière raison n'est pas la moindre. Jusqu'à
leur dernier jour, pour ainsi dire, les vieux peuvent
se rendre utiles au village; ils gardent les petits
enfants, bêchent, sarclent, binent, cueillent de
l'herbe pour les lapins, conduisent les bestiaux au
pâturage, surveillent les oies et les dindons dans
les champs à l'arrière-saison, acceptant leur situation sans gémir, semblant s'excuser auprès de leurs
enfants de *durer* si longtemps.

N'est-il pas juste, cependant, que les travailleurs
des campagnes ne soient pas traités moins bien que

(1) Ambroise Rendu.

ceux des villes? Peut-on songer à assurer des
retraites aux uns et non aux autres, aux fonctionnaires, aux employés de chemins de fer, aux ouvriers des usines, aux mineurs, et les refuser aux
ouvriers agricoles?

Caisse nationale de Retraites

La Caisse nationale des Retraites, fondée le
18 juin 1850, et qui est devenue, depuis les lois du
30 janvier 1884 et du 20 juillet 1886, une sorte de
Compagnie d'Assurances sur la vie, est légalement
ouverte aux travailleurs ruraux comme aux autres,
mais, sans doute pour les raisons exposées plus
haut, — modicité des salaires et vieillesse moins redoutée — elle compte bien peu d'adhérents dans le
monde ouvrier agricole. Cependant, dans les bureaux
des percepteurs et dans le plus modeste bureau de
poste, des affiches informent le public que la Caisse
reçoit les plus faibles économies des travailleurs
des deux sexes, auxquels elle permet de s'assurer
une retraite par les plus petites épargnes capita-
lisées. Rappelons que les versements peuvent être
effectués au profit de toute personne française ou
étrangère, résidant en France et âgée de 3 ans au
moins, et que les versements opérés pendant le
mariage par des déposants non séparés de biens
profitent pour moitié à chacun des conjoints (1). Le

(1) Une instruction très claire à l'usage des déposants est
mise à la disposition de toute personne qui en fait la
demande au Directeur de la Caisse des Dépôts et Consignations, 66, rue de Lille, à Paris, ou aux Trésoriers
payeurs généraux, receveurs particuliers, percepteurs ou
receveurs des postes.

maximum des versements opérés pour un même compte pendant une année est de 500 francs et le minimum 1 franc. Des bulletins retraites délivrés sans frais permettent de réaliser cette somme au moyen de timbres poste ; on peut donc commencer l'épargne pour la vieillesse avec 5, 10, 15 centimes.

Celui qui opère un versement a la faculté, ou d'aliéner le capital, en échange d'une augmentation de la rente, ou de réserver le capital au décès du rentier et, dans ce cas, le capital est remboursé soit aux ayants droit de ce dernier, soit au donateur ou à ses ayants droit. Les versements, qui peuvent être faits chez tous les percepteurs et receveurs des postes, sont constatés sur un livret individuel et sont facultatifs ; ils sont interrompus ou continués, au gré des parties intéressées. Nous ajouterons que divers avantages ont été attribués aux déposants par des lois récentes ; ainsi les pensions liquidées par anticipation et dont le montant est inférieur à 360 francs peuvent, dans certains cas, être bonifiées au moyen d'une allocation spéciale, sous forme de rentes supplémentaires (1).

On pourrait, dans ces conditions, croire la question des retraites pour les travailleurs résolue en principe, et il ne resterait, pour arriver à un résultat vraiment décisif, qu'à faire une propagande active, à faciliter et à encourager les adhésions. Malheureusement, les choses sont loin d'être aussi avancées. Sans doute, les versements sont considé-

(1) La loi du 31 décembre accorde également des majorations de rentes viagères aux pensionnaires de la Caisse nationale âgés de plus de 65 ans qui ont opéré des versements pendant plus de 25 ans, et une bonification spéciale à ceux qui ont élevé plus de trois enfants.

rables (1), seulement le plus grand nombre provient de collectivités, de grandes entreprises, de Sociétés de secours mutuels. Les versements individuels sont relativement peu nombreux et proviennent de petits rentiers, d'employés, de domestiques ; la classe ouvrière proprement dite et surtout les travailleurs ruraux ont rarement recours à la Caisse nationale (2). Si ses opérations ont pris un développement important depuis quelques années, cela tient, d'une part, à la loi sur l'obligation des retraites pour les mineurs (1894), et aux versements pour les accidents du travail.

Les partisans de l'obligation en concluent qu'on n'arrivera à un résultat en matière de retraites ouvrières qu'en chargeant l'État de ce service et en rendant ces retraites obligatoires. Nous ne sommes pas de cet avis.

Contre l'obligation des retraites

Tout d'abord, il semble qu'on se soit laissé impressionner à tort par tout le bruit fait — surtout dans un but électoral — autour de cette question des retraites ouvrières. On croirait, en vérité, que rien n'a été fait en France dans ce sens et que tout est à créer. C'est là une erreur. Nous avons montré que l'épargne était la première forme de la prévoyance : or, l'épargne emprunte les formes les plus

(1) Au 31 décembre 1905, le nombre des déposants était de 2,817,485 et les versements s'élevaient à 1,424,235,567 fr. 89.
(2) Sur 1,476,838 déposants depuis la fondation de la Caisse, on ne comptait que 12,238 agriculteurs.

variées. Tel épargne un petit capital pour ses vieux jours ; tel autre, pour acheter sa maison, un coin de jardin ou d'herbage ; à la campagne, la prévoyance emploie cette forme de préférence.

Tel ouvrier rural qui aura réuni un capital de 1,000 francs, par exemple, pourrait, en le versant à la Caisse nationale des retraites ou encore à une grande Compagnie d'assurances, obtenir une rente viagère plus ou moins élevée, selon qu'elle serait à capital aliéné ou réservé. Mais les gens de la campagne sont peu partisans de ces combinaisons qu'ils ne comprennent pas et dont ils se défient par instinct. Parlez-leur d'une maison qu'ils peuvent habiter, d'une pièce de terre dont ils tireront du blé ou de l'avoine, d'un pré dont l'herbe nourrira la vache, d'un jardin dont les légumes nourriront la famille, voilà des choses tangibles dont ils savent la valeur, dont ils peuvent à l'avance escompter le produit.

Comment songer à imposer à ces ouvriers ou à ces petits cultivateurs une retenue hebdomadaire ou mensuelle, sur des salaires d'ailleurs variables, en vue de leur assurer une retraite à 65 ans, alors qu'ils seront peut-être morts avant ? Il faudrait donc déposséder tous ces millions de Français de la liberté d'épargne laissée au reste de la nation, dût-on empêcher ainsi l'achat de l'outil, du bétail, de la maison ou du jardin. On ne tiendrait même pas compte des charges de famille, des nécessités de l'existence ; retenue identique sur tous les salaires, même sur ceux du malheureux dont les jours sont comptés. Enfin le mode d'épargne imposé serait le pire de tous, le plus égoïste, le plus ingrat, le plus immoral, la rente viagère, le placement à fonds perdu !

Laissons donc le travailleur agricole libre de disposer du fruit de son labeur. Il n'est pas possible qu'on crée dans la nation deux catégories de personnes : ceux dont le bien provient de l'héritage, qui en feront ce qu'ils voudront, et ceux qui n'ont d'autres ressources que le salaire, produit de leur travail, et qui n'en pourront pas disposer à leur gré.

Pour combattre la misère, faisons appel aux plus nobles sentiments de l'homme et aux énergies développées par la liberté. Si le travailleur veut s'assurer, par son épargne, une retraite en argent, il peut s'adresser à la Caisse nationale de retraites. Les Sociétés de secours mutuels lui offrent les mêmes avantages à meilleur compte, seulement il faut lui en faire comprendre le fonctionnement et lui en faire toucher du doigt les avantages. Il s'est accoutumé à la Caisse d'Épargne qui existe dans la ville voisine, dont les administrateurs sont des personnes connues de lui, en qui il a confiance, dont la gestion est d'ailleurs facile à contrôler ; il s'accoutumera de même à la Société de secours mutuels quand il la connaîtra mieux et aura confiance en elle comme dans la Caisse d'Épargne.

Mais, dira-t-on, les membres des Sociétés de secours mutuels sont trop peu nombreux dans les campagnes, et les pensions seront bien faibles. Qu'à cela ne tienne, travaillons à développer ces Sociétés, favorisons leur recrutement et prenons toutes les mesures utiles pour augmenter leurs ressources et pour leur permettre d'aborder la question des retraites pour leurs adhérents.

La Mutualité, dit-on, n'a pas plus de trois millions d'adhérents et ne donne encore qu'à 100,000 personnes des pensions s'élevant en moyenne de 80 à 100 francs, et on se demande si on peut espérer arriver à englober volontairement 10 millions de travailleurs et à fournir des pensions de 360 francs. C'est la thèse des partisans de l'obligation.

Nous nous bornerons à répondre que, si les retraites constituées par les Sociétés de secours mutuels n'ont pas été plus nombreuses, c'est d'abord qu'elles furent interdites jusqu'en 1856; mais leur nombre a augmenté considérablement depuis la loi de 1898; l'admission des femmes, des enfants, la propagande active menée depuis quelques années permet d'espérer des progrès rapides. C'est en s'appuyant sur la liberté que les Sociétés de secours mutuels, malgré des entraves de toute nature, ont développé l'épargne et résolu le problème de la maladie. Avec plus de liberté et de concours, pourquoi ne contribueraient-elles pas puissamment à résoudre le problème de la vieillesse? Elles l'ont déjà bien utilement abordé.

En vain les partisans de l'obligation objectent-ils que la Mutualité ne pourra enrôler que l'élite des travailleurs capables de prévoyance et d'épargne. Sans doute il restera, malgré tous les efforts, un noyau d'irréductibles, mais est-ce sur la minorité qu'il faut faire une loi? Pour ceux qui sont incapables de prévoyance, la charité, l'assistance, des secours pour les empêcher de mourir de faim; pour les prévoyants, des lois de prévoyance.

« Comment s'opère l'ascension de l'ouvrier, a dit « M. Cheysson, si ce n'est par l'emploi libre de son

« épargne, qui lui permet de devenir propriétaire
« de sa maison, de son domaine rural, de son ate-
« lier ?... » L'ouvrier agricole, par exemple, n'est-il
pas le propriétaire de demain ?

L'obligation imposée par l'État, reposant sur cette
idée que le citoyen livré à lui-même est incapable
de prévoyance, entraînera, en fait, une déchéance
sociale ; l'ouvrier n'aura plus devant lui que l'objectif d'une retraite pour ses vieux jours ; « ce sera un
« horizon bien étroit à la place de ceux qu'il peut
« envisager aujourd'hui, d'après l'exemple de tous
« les *parvenus* qu'il coudoie... On aura rétabli à
« l'encontre des ouvriers la carte et scellé sur eux la
« pierre du salariat... »

La solution du problème de la retraite, pour les
ouvriers des campagnes comme pour ceux des villes,
est, selon nous, dans la liberté subsidiée, dans le
système établi en Belgique par la loi du 10 mai 1900
qui a accompli des merveilles chez nos voisins.

En Belgique, l'État ne contraint personne à faire
des versements et il se décharge de l'administration
sur les Sociétés qui, lorsqu'elles assurent le service
des retraites ouvrières, reçoivent de l'État, au profit des versants, une somme de 60 centimes pour
chaque franc apporté à la caisse, jusqu'à concurrence de 15 francs par personne et par an, et tant
que la masse individuelle ne produit pas une rente
de 360 francs. Les primes de la province viennent
encore majorer le chiffre de la pension, si bien que
le capital versé est souvent doublé à l'âge de
65 ans.

Les résultats ont été excellents. Au 31 décembre 1899, il n'y avait, en Belgique, que 1.887 Socié-

tés de secours mutuels; au 31 décembre 1907, on en comptait 7,699.

En 1896, le nombre des livrets de retraite était de 39,000 ; il a bondi à 430,000 en 1901. En 1910, on en comptait plus de 900,000. En 1906, il y eut 86,750 inscriptions nouvelles.

En 1901	il fut de	133,000
En 1902	—	90,597
En 1903	—	114,978
En 1904	—	65,335
En 1905	—	85,138
En 1906	—	86,150

En 1907, les versements sur les livrets ont dépassé 13 millions de francs. Pratiquement, le nombre des livrets de retraite a doublé en cinq ans.

Le fonds des rentes dépassait 100 millions en 1906. Plus de 23 millions avaient été accordés en subsides divers aux divers titulaires de ces livrets et, d'autre part, le total des allocations de 65 francs accordées aux vieux dans le besoin dépassait, en 1907, le chiffre de 80 millions.

Ces chiffres ont plus de force démonstrative que les plus éloquentes affirmations, surtout si on les compare aux résultats obtenus en Allemagne par l'obligation.

En Allemagne, en effet, la loi institue l'assurance obligatoire : l'ouvrier et le patron versent chacun 1 à 2 % des salaires, et l'État verse uniformément 62 fr. 50 par an à chaque pensionné. En principe, la caisse sert les retraites aux invalides à partir de l'âge où ils sont incapables de vivre de leurs bras ;

mais la loi établit qu'à soixante-dix ans un ouvrier est toujours présumé invalide et a donc droit à la pension.

En 1907, il y avait, dans l'Empire, à peu près 18 millions d'ouvriers qui profitaient de ces retraites ; 9 sur 10 d'entre eux avaient reçu leur pension avant leur 70° année.

Comme il fallait s'y attendre, ce socialisme d'État a arrêté complètement l'essor de la mutualité que la loi belge développe au contraire tous les jours davantage. L'Allemagne et la Belgique nous fournissent donc les deux types qui se partagent les préférences des partisans de la retraite : l'obligation et la liberté. Il semble bien que la liberté soit la meilleure solution, et nous croyons qu'elle s'impose également en France où on obtiendrait sans aucun doute des résultats semblables à ceux obtenus chez nos voisins belges. Tous les hommes qui se sont occupés de prévoyance sont de cet avis, à quelques exceptions près.

Lors de l'un des derniers Congrès de la Mutualité, tenu à Nantes, M. Loubet, ancien président de la République, s'est déclaré, lui aussi, nettement pour la liberté. « A l'obligation, a-t-il dit, je préfère l'effort individuel, le groupement sympathique qui s'établit librement, à l'obligation édictée par la loi. Plus j'y réfléchis, plus je regarde autour de moi, plus je reste convaincu que c'est là la solution du problème social. Oui, j'ai foi en la mutualité, dit-il, oui, je suis sûr du succès, à une condition, c'est que les pouvoirs publics, les philanthropes et les amateurs ne viennent pas gêner la mutualité.

« Nous ne demandons d'ailleurs pas autre chose

que la sympathie et le concours pécuniaire modéré
que comporte l'état de nos finances, et nous sommes
sûrs des résultats.

« Demandons et obtenons la liberté, sinon pour
la totalité, du moins pour une partie de ces 600 millions de notre fortune actuellement immobilisée,
comme s'il était raisonnable de supposer qu'au
commencement du xx° siècle, on fera des retraites
mutualistes ou autres avec un système unique de
capitalisation... »

M. Vermont, membre du Conseil supérieur de la
Mutualité, dont la vie a été consacrée à ces questions, s'est élevé avec énergie, lui aussi, en toute
circonstance, contre le principe de l'obligation :

« La liberté légèrement subsidiée, écrivait-il dans
l'*Avenir de la mutualité*, a suffi pour étendre, par la
loi de 1898, les bienfaits de notre Institution ; une
loi des retraites, plus large et plus libérale, obtiendrait rapidement, en France comme en Belgique,
des résultats non moins grands... Tout au moins
faut-il, en attendant cette loi, la préparer non par
des compliments et des promesses, mais par des
actes, et ne pas ajourner ou rejeter toutes nos
demandes, même les plus justifiées, en ne faisant
rien pour les prévoyants, alors qu'on prodigue les
millions pour les imprévoyants. On ne l'a pas
voulu, parce que cette expérience eût été décisive
et nous eût sans doute épargné les impôts énormes
et la nouvelle armée de fonctionnaires qu'une loi
d'obligation nécessite.

« J'ignore si elle rendra rentiers tous les vieillards. Ce serait dans trente ans. Pour commencer,
on va enlever à tous les ouvriers le droit de dispo-

ser de leurs salaires, on va écraser sous des charges formidables le travail national. Les ouvriers, pendant 30 ans, ne recevront qu'une faible partie des retenues qu'ils devront subir... Ce n'est pas tout. Chacun vante la loi de 1898, on va la détruire...

« Qu'avons-nous obtenu par la loi de 1898 ? Trois choses :

« Le 4 1/2 de nos dépôts : — on nous l'enlève, on le supprime.

« Le droit à l'approbation : — on nous l'enlève, il faudra nous faire agréer.

« La liberté de nos moyens et de notre administration : — on nous l'enlève, en supprimant le droit d'option que nous assure la loi de 1898. Nous serons mis hors la loi, ou bien il faudra nous transformer en assurance, en adoptant pour nos pensions le système dit des retraites garanties, excellent pour les sociétés qui ne font que la retraite, mais qui est repoussé par l'immense majorité des sociétés faisant à la fois la retraite et la maladie. Nous ne sommes pourtant pas des enfants, mais n'ayant pu nous convaincre, on veut nous contraindre... Nous ne sommes pourtant pas d'ailleurs au bout de nos déceptions. Dès que nous subirons l'obligation pour les retraites, on nous l'imposera pour le reste, pour le chômage, pour la maladie, etc. Les ouvriers, traités comme des incapables, perdront le goût de l'épargne qui les honorait et qu'ils aimaient quand elle était libre, qu'ils détesteront et qu'ils chercheront à éviter quand elle sera devenue un impôt... (1) »

(1) Ces lignes étaient écrites avant le vote de la loi du 5 avril 1910. Les difficultés d'application rencontrées par cette loi ne sont pas de nature à modifier notre opinion,

Le Rapport du ministre du Travail sur les opérations des Sociétés de secours mutuels pendant l'année 1908 montre que le rôle de ces sociétés au point de vue de la retraite commençait déjà à prendre une importance considérable.

Au 31 décembre 1908, le nombre de ces sociétés était de 19,258, le nombre des membres participants de 4,235,785, le nombre des membres honoraires de 494,923. Les recettes annuelles atteignaient le chiffre de 79,584,695 francs, contre 57,114,624 francs de dépenses. L'excédent de recettes, de plus de 22 millions, a naturellement grossi le capital amassé en vue de la retraite.

Contrairement à ce qui a été dit souvent, le total des dépenses de maladie est toujours inférieur aux cotisations versées par les membres participants, et, quant aux membres honoraires, leurs subsides vont de préférence à la constitution des retraites, jouant déjà le rôle de la contribution volontaire de l'employeur. Or, dans les dépenses étaient compris déjà 15,107,430 francs pour le service des pensions de toute nature.

Il n'est donc pas téméraire d'affirmer que la mutualité consacre annuellement plus de 37 millions au service de la retraite dont bénéficient 165,203 personnes, dont plus de moitié âgées de 50 à 65 ans. Notons enfin que les subventions de toute nature ne dépassent pas 8,232,234 francs par an et que la fortune totale des sociétés était au 31 décembre 1908 de 547,348,419 francs.

tout au contraire, et nous persistons à penser que la mutualité réaliserait beaucoup plus sûrement le problème, et à meilleur compte, si on l'y encourageait chaudement.

Si l'on tient compte de la rapidité avec laquelle
s'est constitué ce patrimoine, il est permis de penser que la mutualité aurait aussi rapidement et avec
autant de succès réalisé le problème des retraites
si elle y avait été encouragée et si on lui en avait
confié la mission. Il est regrettable qu'on ait affecté
de négliger, pour l'application d'une loi aussi complexe que celle sur les Retraites ouvrières, un organisme qui a donné des preuves si manifestes de
vitalité et de bonne gestion.

Sociétés mutuelles de retraites rurales

On objecte que, s'il est difficile aux Sociétés de
secours mutuels d'organiser des Caisses de retraites
dans les villes, cela leur sera impossible dans les
campagnes. La difficulté ne sera pas cependant
insurmontable.

A Senlis, par exemple, une Société mutuelle familiale de secours a été créée par les patrons et les
ouvriers agricoles de l'arrondissement. La caisse,
alimentée par les cotisations des ouvriers, majorées
d'un tiers par les fermiers, fait face aux frais de
maladie ; ceci, c'est la Société de secours mutuels.
Mais une seconde caisse vise la question des retraites en assurant à chacun un livret individuel à la
Caisse nationale des retraites pour la vieillesse,
livret qui est sa propriété (1).

(1) En plus, une Caisse dite de transition et d'invalidité,
réservée aux ouvriers de 40 ans, est alimentée par un versement de 6 francs par an par l'ouvrier et 12 francs par le
propriétaire et le fermier. Elle est destinée à assurer des
allocations aux ouvriers âgés qui n'auront pas le temps de
se constituer une retraite.

Des institutions analogues fonctionnent depuis plusieurs années dans un grand nombre de régions; elles sont dues, généralement, à l'initiative des Syndicats agricoles.

Le Comice agricole de Cambrai, par exemple, délivre des retraites en faveur des vieux serviteurs malheureux, sans exiger aucune contribution de l'intéressé. C'est là de la charité, mais le plus souvent les membres de la société forment eux-mêmes leurs fonds de retraites. C'est ainsi que cela se passe dans les Syndicats du Loiret, du Doubs, de la Dordogne, de la Haute-Garonne, et dans les Syndicats affiliés à l'Union du Sud-Est et du Nord-Est.

A Bourges, une Caisse de secours mutuels et de retraites, créée au sein du Syndicat des Agriculteurs du Cher, demande aux membres participants une cotisation de 4 francs par an, qui est majorée d'une subvention de 3 francs accordée par le Syndicat.

A Châteauroux, le Syndicat des Agriculteurs de l'Indre a formé, en 1899, une Caisse de secours mutuels et de retraites qui reçoit les femmes et les enfants à tarif réduit. La cotisation est de 5 francs par an, à laquelle le syndicat ajoute une subvention de 1 franc.

Dans la région de Nancy, il existe un groupe de 15 à 20 Caisses mutuelles de retraites également greffées sur les Syndicats agricoles. Ailleurs, les tentatives sont isolées. Citons la Caisse de retraites de Castelnaudary fondée par le Syndicat en 1896, celle de Montmirault (Allier), du Syndicat agricole de la Haute-Marne, de Langres, de Poligny, du Lot, de Fournes, de Beauvais, de Château-Thierry, de

Melun, toutes ou presque toutes dues à l'initiative des Syndicats, des Comices agricoles ou des Sociétés d'Agriculture.

On a observé que, pour produire tout leur effet, les Caisses de retraites doivent être mutuelles, syndicales et communales, si possible.

Mutuelles, parce que la loi accorde à l'association mutuelle des faveurs que l'individu isolé ne peut espérer — *communales*, parce que dans le groupement naturel que constitue la commune, il est plus facile d'intéresser tout le monde à la création d'une Caisse de retraites et que l'administration en sera aussi plus facile ; — *syndicales*, c'est-à-dire professionnelles, parce que c'est dans la profession seule, dont le syndicat est la meilleure expression, que réside cette communauté d'intérêts, de besoins et d'espoirs qui est la vraie solidarité.

Que faut-il pour la création et le développement des Caisses mutuelles de retraites ? Des fondateurs qui deviennent des administrateurs, des membres honoraires et des membres participants, enfin des unions qui groupent, dirigent et consolident les petites unités. On trouve tout cela dans les Syndicats agricoles.

Les Caisses mutuelles de retraites peuvent revêtir plusieurs formes ; elles peuvent être, selon les dispositions de la loi de 1898, *libres, approuvées* ou *autorisées*. Nous conseillerons la forme des sociétés approuvées. L'approbation entraîne de sérieux avantages, oblige à peu de formalités et ne peut être refusée si les statuts sont conformes aux prescriptions de la loi.

Dans la préparation des statuts, divers points

sont à examiner et à fixer. La loi du 1er avril 1898 donne deux moyens de constituer les pensions viagères de retraites, le livret individuel et le fonds commun. Avec le premier système, la retraite est assurée par des versements faits au nom du sociétaire sur un livret qui est sa propriété. Ce livret est délivré par la Caisse nationale des Retraites, ce qui donne au sociétaire la garantie de l'État. Avec le second système, les ressources servent à la constitution d'un fonds commun qui appartient à la société et qui sera utilisé, le moment venu, pour les retraites des sociétaires. Ce fonds est versé, par les sociétés approuvées, à la Caisse des Dépôts et Consignations au taux de 4 1/2 o/o. Dans les deux cas, la responsabilité financière de la société mutuelle est donc à couvert, puisque la gestion des fonds est confiée aux Caisses de l'État.

Nous croyons que les deux systèmes doivent être combinés. Au livret individuel seront versées toutes les cotisations des membres participants.

Au fonds commun, resteront les cotisations des membres honoraires, les dons, les legs, etc.

De cette façon, les participants gardent sur leur épargne un droit direct ; ils peuvent, s'ils le désirent, soit en aliéner le capital pour avoir une pension plus forte, soit le réserver à leurs héritiers ; en cas le démission ou de départ, ils emportent leurs livrets, leurs droits étant ainsi tout réglés. (L'aliénation du capital produisant une pension plus élevée, il y a lieu de la conseiller aux personnes qui entrent tard dans la prévoyance.)

En même temps, il se forme une masse commune, une réserve professionnelle, qui permettra d'allouer aux fidèles de la caisse et de la profession un supplément de retraite.

Du fonds commun, versé à la Caisse des dépôts et Consignations, deux parts seront faites : l'une pour profiter de certaines subventions et avoir un accroissement plus rapide, sera inaliénable et ses intérêts seuls pourront être employés ; l'autre restera disponible et son capital lui-même pourra être affecté, si besoin est, au service du secours et de la prévoyance. Nous n'entrerons pas dans de plus longs détails sur la formation et le fonctionnement des Caisses de retraites, nous bornant à renvoyer aux traités spéciaux (1) : nous ferons remarquer toutefois que, pour le chiffre de la cotisation, il faudra avoir soin de ne pas le fixer trop élevé, afin de ne pas rendre la caisse inaccessible aux moins fortunés, ceux-là précisément qui ont le plus besoin de s'assurer. La cotisation ne saurait être cependant moindre de 12 francs, sans quoi on arriverait à des chiffres dérisoires de retraite ; du reste, les participants ont le droit de faire des versements supplémentaires. Pour les membres honoraires, une cotisation de 6 francs paraît suffisante. Une cotisation trop élevée en limiterait le nombre et les personnes généreuses qui voudraient participer plus largement à la prospérité de la caisse en auront toujours le moyen.

La loi n'oblige pas à établir un âge maximum d'entrée dans la société, cependant il paraît prudent de le fixer à 45 ans. Des participants trop âgés

(1) Voir notamment : *Sociétés mutuelles de retraites agricoles*, publication de l'Union des Syndicats des Agriculteurs de France, 8, rue d'Athènes, Paris.

n'arriveraient pas à se constituer une retraite
suffisante, ils seraient une charge pour la Société
et une limite rigoureuse décidera les habitants
à s'affilier. D'ailleurs, la loi (art. 23) exige 15 ans
de sociétariat pour bénéficier d'une pension ser-
vie par le fonds commun, il vaut donc mieux ne
pas commencer trop tard. Il conviendra cependant,
au début, mais pendant une période limitée, d'ad-
mettre un peu plus largement les travailleurs plus
âgés pour qu'ils n'aient pas trop à regretter d'être
nés trop tôt. Il n'y a pas d'âge minimum d'entrée ;
il y a intérêt à ce que les enfants entrent très jeunes
dans les caisses de retraites, avec des cotisations
moindres au besoin ; d'une part, leur pension sera
plus forte, et, d'autre part, il est bon de leur donner
de bonne heure l'habitude de la prévoyance.

Services annexes

A. Secours en cas de maladie.

Nous nous sommes bornés jusqu'ici à étudier la
création de Sociétés mutuelles uniquement consacrées à la retraite. Il nous a paru, en effet, que pour
organiser à la fois le secours en cas de maladie et
la pension pour la vieillesse d'une manière efficace,
il fallait pouvoir compter sur des cotisations dont
le chiffre total serait bien lourd pour le maigre budget d'un paysan. Il peut arriver cependant que certains cultivateurs désirent voir ces deux services
réunis. Voici comment on pourrait s'y prendre pour
leur donner satisfaction.

Le secours en cas de maladie ne serait assuré qu'à ceux qui s'engageraient à payer une cotisation spéciale et l'on pourrait concevoir à la rigueur, dans une société, trois catégories de membres :

1º Participants ayant droit à la retraite et au secours de maladie ;

2º Participants ayant droit à la retraite seule ;

3º Participants ayant droit au secours de maladie seulement.

Une partie de la cotisation des membres honoraires, un quart, par exemple, pourrait être affecté au service des secours. On pourrait, d'ailleurs, borner le service des secours à pourvoir soit aux frais médicaux et pharmaceutiques, soit à une indemnité journalière ; on pourrait également établir que si le participant malade a des travaux urgents à faire, ses camarades les feront pour lui ; beaucoup de syndicats ont organisé ce secours en nature.

Un syndicat du Jura s'est, de même, entendu avec un médecin du voisinage qui, moyennant 200 francs par an, vient une fois par semaine dans un local commun où tous les malades peuvent le consulter pour 50 centimes.

B. **Secours anticipés en cas d'invalidité prématurée.**

La loi du 1ᵉʳ avril 1898 autorise l'Assemblée générale à accorder une allocation annuelle aux participants devenus infirmes ou incurables avant d'avoir atteint l'âge de la retraite ou les quinze ans de sociétariat (art. 25). Cette indemnité, dont les statuts doivent prévoir la faculté, sera prélevée sur le fonds disponible. Elle permettra de régler la

situation de ceux qui, au début de la société, dans
la période transitoire, y seront entrés à un âge déjà
avancé.

C. Assurance collective en cas de décès.

Les Sociétés de secours mutuels sont autorisées
à contracter des assurances collectives annuelles,
en vue de s'assurer, au décès de chacun de leurs
sociétaires, une somme fixe pouvant atteindre
1000 francs.

Les sommes qui seront ainsi garanties à la
mutuelle seront réservées aux héritiers des décédés.
Dès lors, le caractère un peu individualiste de la
retraite disparaît. Les bienfaits de la mutuelle ne
sont plus cantonnés sur la tête de ses membres ; à
leur décès, leurs femmes et leurs enfants recueille-
ront un petit pécule dû aux efforts de prévoyance
du chef de famille. En outre, la prime collective à
payer étant prélevée sur les revenus du fonds commun ou sur le fonds disponible, les partisans de
l'initiative privée trouveront là un argument sérieux à opposer aux partisans de l'obligation légale :
non seulement la mutualité procure les retraites,
mais encore elle octroie généreusement, sans contribution supplémentaire du mutualiste, une assurance en cas de décès aux familles de ses membres (1).

(1) Pour les formalités à remplir, voir la brochure sus-
visée.

Union Centrale des Caisses mutuelles agricoles, maladie et retraites.

Le système adopté pour l'organisation des retraites mutuelles agricoles ne nécessite pas absolument le groupement régional comme les autres branches de l'assurance ; il y a cependant intérêt à constituer, entre les caisses de retraites, des unions régionales : d'abord parce que l'association augmentera leur force et leur autorité morale ; ensuite, parce que leur groupement permettra, le jour où il comptera 2,000 membres, de songer à la création d'une Caisse autonome (décret du 25 mars 1901).

Le même raisonnement s'applique, avec plus de force encore, au groupement central des Caisses de retraites. Si, pour la création d'une caisse autonome, il est nécessaire que les statuts des caisses locales unies soient identiques, la même nécessité ne s'impose pas pour leur simple groupement. Toutes les caisses peuvent donc adhérer, dès leur création, à l'*Union centrale des Caisses mutuelles agricoles, maladie et retraites*, fondée par l'Union Centrale des Syndicats, 8, rue d'Athènes, à Paris. Elles trouveront là une direction qui pourra leur être utile, et un intermédiaire dévoué qui s'efforcera d'aplanir les difficultés qu'elles rencontreraient dans leur fonctionnement, notamment dans leurs rapports avec l'administration.

On peut conclure de ce qui précède que les sociétés qui fusionnent les Caisses de secours et les Caisses de retraites, auxquelles on joint parfois, comme nous venons de le voir, une assurance en cas

de vie, de décès ou encore d'accidents, constituent
le mode par excellence de la mutualité rurale et
l'organisation la plus complète, puisqu'elle vise à
la fois à garantir le travailleur rural de toutes les
suites du chômage, accidents ou maladies, infirmités ou vieillesse, et même empêche qu'après sa
mort, ceux qu'il laissera derrière lui soient complètement dépourvus de ressources.

Le principe de ces Caisses est celui que nous avons
indiqué, à savoir que, s'il est juste que les travailleurs agricoles aient, eux aussi, une retraite, ils ne
doivent pas la devoir à l'impôt; ce serait supprimer
l'effort et encourager l'imprévoyance. Ces hommes,
qui sont accoutumés à travailler la terre, savent
qu'on ne récolte que ce qu'on a semé.

Sociétés de retraites scolaires.

Nous avons parlé plus haut des mutuelles scolaires organisées dans certaines localités importantes,
et montré les résultats encourageants qu'elles
avaient obtenus.

L'objectif poursuivi par M. Cavé, leur fondateur,
et par M. Petit, qui s'est fait, après M. Cavé, le pro-
pagateur de cette idée, est de ne pas se borner à
viser le cas de maladie, mais aussi la retraite. De 3
à 18 ans l'écolier verse deux sous par semaine; l'un
de ces sous tombe dans la caisse de secours contre
la maladie, mais l'autre est versé à la Caisse des
Retraites. Les fruits de ce second sou ce sont 80 à
90 francs de pension à l'âge de 55 ans.

M. Petit, estimant que les retraites assurées aux

adhérents ne seraient pas assez élevées, voudrait voir imposer l'obligation de la mutualité scolaire, ce qui permettrait, selon lui, d'obtenir des résultats merveilleux. Ce ne seront plus huit cent mille écoliers qui verseront le décime hebdomadaire, mais quatre millions. Une telle loi aurait, dit-il, des résultats admirables. « Voyez quels avantages ont sur les mutualistes tard venus nos sociétaires des «petites Cavé». Ils sont, par leur sou de secours mutuels, les adhérents d'un groupe mutualiste et ils ont pour la retraite une avance considérable. A 18 ans, quinze années de solidarité leur auront procuré près du tiers des 360 francs, retraite maximum prévue par la loi nouvelle. »

Il est certain que le fait d'accoutumer les enfants à la pratique de la mutualité présente de sérieux avantages ; on prépare ainsi une pépinière de mutualistes, mais, encore une fois, comment ne comprend-on pas que vouloir imposer les versements aux enfants et plus tard aux jeunes gens et aux hommes, c'est faire abstraction de l'initiative individuelle, de l'énergie personnelle, c'est supprimer tout ce qu'il y a de plus pratique et de plus fécond en matière de progrès social !

La mutualité scolaire est une idée heureuse, mais à condition d'être réalisée sagement et progressivement. On n'improvise pas des mutualistes, surtout parmi les enfants. On a vu, par exemple, certaines scolaires, comme celle de Moissac, renoncer à la retraite pour ne s'occuper que de Caisses dotales d'un résultat moins douteux. Il serait donc imprudent de crier victoire parce qu'on a enrégimenté, à leur insu et sans le moindre effort de leur

part, une certaine quantité d'enfants dans des mutualités scolaires. On a fait grand bruit, par exemple, de l'adoption du projet de M. Patenne, dont
nous avons parlé plus haut et qui vise les enfants
assistés de la Seine. Cela fait, dit-on, 40.000 mutualistes de plus. Ce baptême mutualiste ressemble un
peu au baptême des Saxons par Charlemagne. Cette
réserve faite ainsi qu'il convient, le projet de
M. Patenne adopté, le 16 décembre 1908, par le Conseil municipal de Paris, mérite attention et peut
donner des résultats appréciables.

En ce qui concerne les pupilles de l'Assistance
publique, l'obligation peut, jusqu'à un certain point,
trouver sa raison d'être, mais nous persistons à penser qu'en ce qui concerne les campagnes, la mutualité scolaire en vue des retraites est d'une réalisation
impossible. Comment, encore une fois, demander
à des enfants le versement par semaine d'un sou
qu'ils ne possèdent pas ?

Travaillons à développer les sentiments de fraternité et de solidarité dans la jeunesse, mais ne nous
berçons pas de mots et d'illusions, si nous voulons
arriver à des résultats sérieux et durables.

Sociétés diverses de Retraites.

Le besoin ressenti par le travailleur d'assurer la
sécurité de ses vieux jours est si général que des
sociétés innombrables se sont fondées, depuis quelques années, à côté des grandes sociétés d'Assurances, en vue de la Constitution des retraites. Certaines
de ces Sociétés, comme les Prévoyants de l'Ave-

nir, la Boule de Neige, le Grain de Blé, la France prévoyante, l'Avenir du Prolétariat, etc..., s'adressent à toutes les classes de la société ; d'autres se recrutent spécialement parmi certaines professions: les employés et les voyageurs de commerce en comptent plusieurs.

Ces Sociétés empruntent les formes les plus diverses, et reposent sur les combinaisons les plus variées et, souvent, les plus ingénieuses. Certaines constituent de véritables tontines (Prévoyants de l'Avenir) et présentent par là même les inconvénients et les aléas inhérents à cette forme de Sociétés. Il est à craindre, en conséquence, que certaines de ces sociétés ne répondent pas aux espérances qu'elles ont fait luire aux regards de leurs adhérents.

Il faudrait prendre une à une chacune de ces œuvres, examiner article par article leurs statuts pour être à même d'émettre une opinion sérieuse sur leur valeur et leur avenir. Encore faudrait-il, en ces matières délicates, une compétence particulière, si rare que les actuaires les plus documentés se sont bien souvent trompés dans leurs calculs. La compagnie P. L. M., par exemple, constata un jour que les tableaux dressés pour l'établissement des retraites de ses employés étaient erronés et que l'on ne pourrait pas continuer à payer avec la Caisse constituée par la Compagnie les retraites promises. La Compagnie décida alors de verser à l'État les retenues qu'elle faisait sur les traitements et le quantum qu'elle ajoutait (5, 10, 15 o/o) de façon à assurer aux employés non plus une retraite fixe, mais la retraite indéterminée que ces versements pourraient produire.

Ces calculs sont, en effet, si difficiles que l'État lui-même s'est montré calculateur médiocre. Lorsqu'il a eu la malencontreuse idée de saisir, en 1853, les Caisses particulières qui existaient parmi ses fonctionnaires, il a promis d'assurer directement les retraites. Il annonçait alors que la dépense s'élèverait à 20 millions, pour atteindre ensuite 29 millions, chiffre maximum, après quoi la charge diminuerait. Au bout de 15 ans, elle montait à 29 millions, aujourd'hui elle dépasse 84 millions et continue à grossir.

La Caisse Nationale des retraites, elle aussi, s'est trompée dans ses prévisions. Avant 1887, l'État donnait un intérêt fixe; or, le ministre des Finances avouait en 1886 que, depuis huit ans, le déficit s'élevait à 72 millions, et M. Loubet, alors président de la Commission de Surveillance, disait : « C'est plus de 100 millions que les contribuables ont dû payer. »

Sans condamner d'une façon absolue les institutions libres de retraites dues à l'initiative privée, nous ne saurions donc trop recommander aux intéressés la plus grande prudence pour l'emploi de leurs économies réalisées au prix de si pénibles sacrifices. Qu'ils s'adressent de préférence aux Sociétés de secours mutuels dont les administrateurs leur sont connus et dont ils sont à même de suivre et de surveiller la gestion. S'ils se risquent à s'adresser à d'autres sociétés, qu'ils s'entourent, avant de verser leur argent, de tous les renseignements utiles, et consultent des personnes de confiance.

Au surplus, ces institutions sont peu connues dans les campagnes où elles comptent peu d'adhérents. Ce n'est pas dans cette voie qu'il convient, selon nous, d'orienter là prévoyance des travailleurs ruraux, mais du côté des Sociétés de secours mutuels, de la vraie mutualité qui, lorsqu'elle aura poussé d'année en année de nouveaux rameaux, devra finir par s'étendre sur la France tout entière, pour le plus grand profit des générations de l'avenir.

IV

Les Assurances

L'Assurance est, en réalité, une des formes de la mutualité, peut-être la plus parfaite. Elle répond, en effet, sous ses formes multiples à tous les besoins de l'avenir : conservation des valeurs acquises, au moyen d'indemnités en cas de sinistres atteignant la propriété, ou constitution d'un capital au moyen d'une prime annuelle, voilà pour ceux qui possèdent ; formation d'un équivalent de salaires, garantie pour les soins médicaux, les secours, les retraites pour la vieillesse, voilà ce que l'Assurance permet d'obtenir à ceux qui n'ont d'autre ressource que leur travail.

Nous avons vu que l'idée de mutualité était ancienne ; mais elle s'était, pour ainsi dire, ignorée elle-même jusqu'à nos jours, et il n'y a pas long-temps, d'autre part, qu'on s'est avisé que l'assurance constituait, en réalité, une mutualité perfectionnée.

Comme l'a dit un auteur éminent (1), « l'Assu-

(1) M. Chaufton.

rance réparatrice n'élimine pas le hasard, mais elle lui assigne sa part ; elle ne fait pas disparaître la perte ; mais elle fait que la perte n'est pas sentie parce qu'elle est partagée... Elle substitue le rapport d'étendue au rapport d'intensité... »

L'Assurance, en répartissant le fardeau des risques sur une multitude de personnes, supprime en effet presque complètement le poids de ce fardeau trop lourd pour une seule épaule. Aussi la plupart des économistes placent-ils l'assurance au-dessus de l'épargne pure. La prospérité des Caisses d'épargne indique même, selon eux, ou l'absence d'autres placements lucratifs ou celle de l'esprit d'initiative et d'association chez les déposants. Cette assertion peut sembler un peu forcée ; cependant il est certain que l'Assurance est supérieure, par ses résultats, à l'épargne pure et simple.

L'Épargne, dont on ne dira jamais trop de bien, n'est que la première étape et, pour ainsi dire, la plus facile de la prévoyance. L'homme qui épargne ne se dessaisit pas ; il peut reprendre et dissiper ses dépôts : « S'il meurt de bonne heure, le magot n'a pas eu le temps de grossir et ne sera pour la famille que d'un médiocre secours. Au contraire, l'homme qui assure un capital payable à son décès s'élève jusqu'au sacrifice et pratique, dans sa plus haute expression, la vertu du père de famille. Cet argent qu'il verse, il ne le reverra plus puisque c'est sa mort seule qui saisira ses héritiers. Voilà pour le mérite moral ; quant à l'efficacité réelle, elle dépasse également celle de l'épargne dans le cas de la mort prématurée, puisque, cette mort surviendrait-elle dès le lendemain de la signature du contrat d'assurance, le capital stipulé dans ce contrat est immédiatement acquis à la famille de l'assuré. »

L'Assurance est donc une forme de la prévoyance, encore supérieure à l'épargne, tant au point de vue de l'effet moral qu'elle implique, qu'eu égard à la portée pratique de ses conséquences.

Des diverses formes d'assurances

Assurances par actions. — Assurances mutuelles.

L'Assurance fonctionne sous deux formes.

Tantôt cette association est gérée par une entreprise particulière, propriétaire d'un capital ; on dit alors qu'il y a Société d'Assurances par actions.

Tantôt cette association se gère elle-même ; on dit alors qu'il y a Société mutuelle d'assurances.

Les premières, dites aussi Compagnies à primes fixes, sont des sociétés commerciales dont le but est de rémunérer un capital ; leurs assurés ne sont pas des associés, ils n'interviennent en rien dans le fonctionnement de la société dont les administrateurs sont uniquement les mandataires des actionnaires. L'assuré, en revanche, a la certitude que les suites de l'opération ne rejailliront pas sur lui ; sa sécurité est plus grande, au moins théoriquement.

Au contraire, la Société mutuelle ne comporte pas l'apport d'un capital et se compose exclusivement des assurés eux-mêmes.

Ces différences essentielles ne doivent pas, néanmoins, faire perdre de vue que la mutualité ne disparaît pas tout à fait lorsque l'assurance est pra-

tiquée sous la forme anonyme par des capitalistes ;
elle en est l'âme latente, comme l'a dit très justement
M. Chaufton ; si bien qu'on a pu dire que les adhérents d'une Société d'Assurances anonyme formaient
une sorte de mutualité inconsciente ; tandis que, dans
une Société mutuelle, les membres se connaissent ou
sont censés se connaître, ont traité les uns avec les
autres ; c'est ce qu'on peut appeler une mutualité
consciente.

S'il est évident qu'au point de vue théorique, l'assurance mutuelle se présente comme la mutualité
organisée sous son aspect le plus simple, en réalité
nous ne saurions soutenir la supériorité absolue de
l'une des deux formes sur l'autre et nous pensons
que, seul, l'examen des faits doit donner la solution.

Les Mutuelles et les Compagnies à primes fixes
sont nées parfois à des moments difficiles ; elles ont
réussi plus ou moins bien dans les diverses branches
de l'assurance, elles ont répondu d'une certaine manière à des besoins variés ; il est donc imprudent de
prétendre exalter les unes au détriment des autres.

Nous allons voir, en étudiant les divers risques,
qu'il en est pour lesquels l'une convient mieux que
l'autre. Dans les risques où elles réussissent toutes
les deux, il est difficile d'apprécier la supériorité de
leurs avantages réciproques, attendu qu'elles tendent
à se confondre de plus en plus, la concurrence les
obligeant à s'emprunter tous les perfectionnements,
les règles de détail et, quelquefois même, certains de
leurs principes essentiels (1).

Comme l'exploitation du risque vie ne s'annonçait

_____

(1) *Les Assurances mutuelles,* par R. Savary, H. Jouve,
éditeur, Paris.

pas en France, comme devant être très rémunératrice et susceptible de donner lieu à un vaste courant d'affaires, seules, les Compagnies à primes fixes, dont quelques-unes cumulèrent l'assurance-incendie avec l'assurance-vie, se sont aventurées à le prendre en charge. Plus tard, de grandes mutuelles étrangères ont essayé de contre-balancer l'omnipotence des compagnies commerciales françaises ; c'est ainsi que le champ de l'assurance-vie, sur lequel les mutuelles auraient pu opérer, s'est trouvé rétréci à tel point que cette branche d'assurance est à peine pratiquée en France sous la forme de mutualité, puisque 6 sociétés mutuelle-vie seulement fonctionnent dans notre pays.

La chose principale à considérer, dans une société d'assurances, qu'elle soit mutuelle ou à primes fixes, c'est la solvabilité de l'assureur, la grande extension de ses affaires, la valeur des hommes qui sont à sa tête, la loyauté de ses opérations, l'ancienneté de sa réputation.

Avant d'aborder le détail des diverses assurances, nous commencerons par rappeler le principe sur lequel nous avons déjà insisté à diverses reprises et qui nous paraît dominer la matière, à savoir que l'assurance ne doit jamais être obligatoire. La prévoyance, encore une fois, est une vertu sociale de premier ordre, mais elle suppose nettement la liberté chez l'homme qui la comprend et la pratique, car « si l'État prétend être prévoyant à ma place et m'impose sa prévoyance, c'est lui qui est prévoyant et non pas moi (1) ».

(1) Alfred THOMBRREAU : *Moniteur des Assurances*, 15 mars 1897.

Parler de prévoyance obligatoire, c'est accoupler deux termes dont l'un est destructif de l'autre.

L'homme doit être prévoyant parce qu'il est responsable vis-à-vis de lui-même et vis-à-vis des siens. Loin d'affaiblir le sentiment de cette responsabilité qui est sa dignité même, il faut tout faire pour l'entretenir et le développer.

On objecte, comme argument de fait, l'impuissance de l'initiative privée. Mais on oublie que les Assurances sont d'une date récente. Les *Assurances Générales* (incendie, vie), datent de 1819, la *Cérès* (grêle), de 1823, *L'Abeille*, de 1856, l'assurance mutuelle *La Préservatrice* (accidents du travail), de 1861. Or l'assurance-incendie couvre aujourd'hui 90 pour 100 des valeurs assurables, malgré l'indifférence ordinaire, le formalisme exagéré et les impôts qui grossissent tous les ans. L'Assurance-vie, peu développée en 1860, compte actuellement 350.000 assurés, et le chiffre d'assurances dépasse 3 milliards et demi. C'est peu, sans doute, mais cela permet de bien augurer pour l'avenir.

On peut d'ailleurs répondre à l'État qu'il n'a pas le droit de reprocher aux sociétés privées la lenteur de leurs progrès puisqu'il a échoué lui-même avec sa Caisse des Assurances en cas de décès qui date de 1868. Bien qu'elle offrît de nombreux avantages, elle n'avait assuré au 31 décembre 1895 que pour 3 millions de capitaux et, dans ce chiffre, les assurances individuelles n'entraient que pour 70,000 francs sur la tête de 1,200 assurés.

Laissons à l'Assurance libre le temps de produire toutes ses conséquences et le temps de se développer ; aussi bien de grands progrès ont été réalisés dans l'établissement des calculs. Les tables précises résultant de la pratique même des compagnies ont remplacé, aujourd'hui, les tables démodées de Deparcieux et Duvillard, si bien que les tableaux établis actuellement par les actuaires ont une véritable rigueur mathématique. C'est une superbe moisson qui se prépare pour demain.

Des diverses espèces d'Assurances

1° Assurances sur la vie

De tous les risques qui peuvent faire l'objet d'une assurance, la vie humaine est assurément le plus intéressant ; aussi de nombreuses Sociétés — mutuelles ou à primes fixes — assurent-elles ce risque à l'étranger. En France, les idées d'assurances ont été plus longtemps à se répandre (1).

En effet, tandis qu'en Amérique on compte un assuré sur 26 habitants et en Angleterre un sur 40, on n'en trouve, en France, qu'un sur 120. Ajoutons, chose singulière, que c'est principalement dans les classes supérieures de la société où l'assurance n'était pas appelée, évidemment, à rendre des services aussi importants que dans les classes inférieures, qu'elle a d'abord pénétré. A l'heure actuelle, encore, la majorité des personnes qui contractent des assurances sur la vie appartient, en France, aux

(1) En 1875, on comptait 26 milliards de capitaux assurés, dans lesquels les États-Unis entraient pour 15 milliards, l'Angleterre pour 8, et la France pour 1,249,600,000 (Rapport de M. Ch. Robert, directeur de l'*Union*).

catégories moyennes de la population. C'est dire qu'elle a peu pénétré dans les petites bourgades et dans les campagnes, où elle n'est connue et pratiquée que par quelques personnes isolées.

Le paysan épargne, il commence à entrevoir la retraite, mais l'assurance en cas de décès est encore ignorée.

L'État, préoccupé de cette situation et désirant y remédier, avait autorisé, dès 1868, la Caisse nationale des retraites à accepter des petites assurances, avec cotisations annuelles de 3, 5 et 8 francs, pour assurer des pensions viagères en cas d'accidents entraînant des infirmités ou de garantir des secours aux veuves et enfants mineurs. On ne voulait pas alors faire de concurrence aux Compagnies privées, mais combler une lacune pour les petites assurances que les Compagnies ne recherchent pas. « L'État « seul, disait l'exposé des motifs, peut se charger « d'une semblable entreprise ; l'expérience a ainsi « consacré une espèce de limite à l'action de l'indus- « trie privée en matière d'assurances et là où l'ab- « sence de bénéfices met fin au rôle des Compa- « gnies, là un grand intérêt public donne naissance « à celui de l'État (1). »

L'insuccès de cette tentative prouve que le raisonnement péchait par la base, et les résultats obtenus en Angleterre le démontrent d'une façon irréfutable. En effet, chez nos voisins d'outre-Manche, l'assurance est devenue populaire ; on compte aujourd'hui 14 millions et demi d'assurés, plus du

(1) Le maximum en cas de décès était de 3,000 francs. Au 31 décembre 1904, il y avait en cours 27,212 contrats individuels pour un capital de 3,398,079 francs.

quart de la population, se répartissant ainsi : classes riches, 1,200,000 assurés pour 13 milliards de francs.

Classes populaires, 13 millions d'assurés pour 3 milliards 200 millions d'assurances souscrites entre les mains de Compagnies industrielles.

Ce résultat est dû précisément à ces Sociétés d'assurances, dites industrielles, qui ont mis l'assurance à la portée de toutes les bourses, à raison d'un penny (0 fr. 10) par semaine, et sont parvenues à réunir cet effectif colossal de petits clients dont le capital assuré dépasse 3 milliards et demi. Une seule, la *Prudential*, a 500 millions de capitaux assurés et 11,300,000 polices. Voilà ce qu'a su faire la liberté sans l'intervention de l'État.

« Pour assurer l'encaissement des petites primes,
« pourquoi ne combinerait-on pas l'assurance popu-
« laire avec une association mutuelle ou coopéra-
« tive qui se chargerait de l'encaissement des
« primes sans frais et permettrait ainsi de réaliser
« l'assurance à bas prix ? Là est la solution pratique
« et le secret du succès. »

Le succès des Compagnies anglaises démontre qu'il est possible de résoudre pratiquement la difficulté qui a rebuté nos Compagnies françaises, celle de percevoir des primes hebdomadaires de quelques centimes.

Pourquoi n'obtiendrions-nous pas en France des résultats semblables à ceux obtenus chez nos voisins ?

On peut d'ailleurs constater, depuis quelques années, un accroissement sensible des opérations faites par les Compagnies françaises d'assurances sur la vie. Les capitaux assurés en 1907 aux Compagnies françaises avaient été de 471,191,900 francs. En 1908, ils se sont élevés à 497,479,091 francs, soit 26,287,171 francs de plus. En rentes viagères, l'ensemble des rentes constituées a été de 9,977,338 fr. au lieu de 9,079,747 francs, soit une augmentation de 897,601 dans le chiffre des rentes constituées (1).

L'éducation du public se complète peu à peu, et il finira par comprendre le mécanisme de l'assurance sur la vie et sa haute importance. Quand on aura saisi la souplesse de l'institution, la facilité avec laquelle diverses combinaisons permettront de répondre à toutes les éventualités, on se rendra compte de la supériorité de l'assurance sur l'épargne simple, ou du moins on s'efforcera de combiner les deux, de mettre à la Caisse d'Épargne quelques économies pour les cas urgents et imprévus, et de s'assurer pour constituer une dot à ses enfants ou un petit capital en cas de décès prématuré du chef de la famille.

2° L'Assurance sur la vie et les habitations à bon marché

Si l'assurance en cas de décès est un acte de prudence pour le travailleur en vue de protéger sa famille contre les conséquences de sa mort prématurée, elle devient presque une nécessité quand il s'agit pour lui de contracter des engagements à longue échéance, par exemple, pour acquérir un foyer.

---

(1) Les Compagnies qui ont dépassé le million sont : *les Assurances générales*, la *Nationale* et le *Phénix*.

Il s'oblige à payer une maison en 15 ou 20 annuités. Mais s'il meurt avant ? L'assurance résout le problème. Qu'il signe en même temps que son bail, avec promesse de vente, un contrat d'assurance temporaire en cas de décès, pour un capital égal au montant de la maison et pour une durée égale à sa période de libération et voilà l'avenir assuré pour les siens. Il aura à payer, en plus du prix du bail, une prime annuelle variable selon son âge et la durée de l'assurance. De son côté, la caisse d'assurance s'engage, en cas de décès avant la fin de la période, à payer à la société qui a construit la maison, la somme restant due.

C'est la Belgique (loi du 9 août 1889) qui a eu l'honneur d'être la première à faire entrer l'assurance dans les lois et les mœurs en ce qui concerne les habitations ouvrières.

En France, la loi du 30 novembre 1894 autorise la Caisse d'assurances en cas de décès, créée par la loi du 11 juillet 1869, à passer avec les constructeurs ou acheteurs de maisons à bon marché payables par annuités, des contrats d'assurances temporaires ayant pour but de garantir, à la mort de l'assuré, le paiement des annuités restant à courir.

Nous verrons plus loin que les lois du 12 avril 1906 et 13 avril 1908 sur la petite propriété et les habitations à bon marché imposent l'obligation de contracter une assurance de cette nature aux travailleurs qui désirent revendiquer le bénéfice de ces lois.

L'État n'a pas prétendu s'attribuer le monopole de ces assurances ; malheureusement, si les formalités ont été simplifiées dans une certaine mesure, elles sont encore assez compliquées. Cependant l'article 11 § 9 du Règlement d'Administration publique du 21 septembre 1895 autorise les Sociétés à transmettre les propositions d'assurances et à servir d'intermédiaires entre les assurés et la Caisse d'assurances pour toutes les opérations ultérieures, ce qui permet aux assurés de payer par trimestre aux Sociétés qui, elles, paient en une seule fois à la Caisse, ce qui simplifie ses écritures (1).

Il est à désirer que les Compagnies françaises d'assurances se décident à entrer dans la voie des assurances populaires comme les Sociétés industrielles anglaises, en s'inspirant de ce principe que les petits ruisseaux font les grandes rivières.

3⁰ Assurances contre l'incendie

Si les assurances sur la vie sont relativement assez peu répandues, les assurances contre l'incendie sont nombreuses, puisque 27 mutuelles fonctionnent à côté de 22 Compagnies à primes fixes, sans compter les petites mutuelles agricoles fondées depuis quelques années.

Il est inutile d'insister sur les avantages de cette forme de la prévoyance, puisqu'elle est appréciée de tous, le risque d'incendie étant particulièrement redouté dans les campagnes.

(1) Une notice de la Caisse des Dépôts et Consignations indique les primes à payer pour garantir le paiement des annuités de remboursement d'un capital de 1,000 francs au moyen d'une prime unique, ou d'une prime annuelle constante pendant une partie de la période, ou d'une prime annuelle décroissante.

Les assurances mutuelles agricoles contre l'incendie sont de date récente, puisqu'il n'en existait pas avant 1901 ; elles s'élevaient à 495 au 15 mars 1906 et à 1,442 au 1er juin 1908.

L'organisation des Assurances mutuelles agricoles contre l'incendie est particulièrement délicate ; pendant longtemps, elle a été considérée comme impossible à réaliser. Il est à remarquer, d'ailleurs, que ce genre d'assurances se trouve localisé dans un petit nombre de départements. Ainsi, le département de la Haute-Marne ne compte pas moins de 218 assurances locales, celui de l'Isère 60, celui de Vaucluse 18. Dès le début, la nécessité de réassurance a été généralement comprise. Trois caisses de réassurances fonctionnent à Chaumont, à Lyon et à Avignon, la première départementale et les autres régionales. Elles englobent 433 sociétés locales et assurent un capital de 84 millions et demi environ.

Le développement des assurances mutuelles agricoles contre l'incendie est-il désirable, serait-il avantageux ? Nous ne le croyons pas.

En effet, si l'assurance-bétail (sauf en cas d'épizootie) peut donner de bons résultats dans une circonscription peu étendue, l'assurance-incendie en donnera forcément de mauvais. Une tête de bétail, perdue par suite d'accident ou de maladie, ne communiquera pas le mal aux étables voisines, moyennant quelques précautions, mais tout autre sera la conséquence d'un incendie de récoltes, fourrages, pailles ; en un moment, tout un village peut être en feu.

Le risque couru par les bâtiments ruraux remplis de matières éminemment inflammables, dans des localités où l'eau fait souvent défaut et où il n'y a pas toujours de sapeurs-pompiers, présente, cela se conçoit, beaucoup plus de dangers que celui couru par une maison en pierres ou en briques, qui ne renferme aucune espèce de récoltes et qui est située dans une ville où il y a des prises d'eau partout, une surveillance et un service de secours soigneusement organisés.

On comprend, dès lors, la différence de tarif que l'on constate, en règle générale, pour l'assurance de ces risques. Et cette différence est beaucoup plus grande encore pour les départements accidentés où, malgré la surélévation des tarifs dont ils sont l'objet, l'assurance est constamment en perte.

Il est donc évident qu'une société créée pour assurer exclusivement ces risques dangereux ne peut donner de bons résultats.

La question a été étudiée, à différentes reprises, par la *Société des Agriculteurs de France*, qui a montré le danger que présenteraient des sociétés de ce genre. Le rapporteur prouvait que, si les Compagnies d'Assurances arrivaient à réaliser des bénéfices, c'était grâce à la fusion des primes des risques urbains avec celles des risques ruraux. Par cette fusion des primes, les sociétés libres réalisent la grande solidarité nationale comprenant tous les Français : « C'est pourquoi, concluait le rapport, « nous estimons que, l'appui des villes manquant « aux campagnes pour une société créée en vue de « garantir spécialement les risques ruraux, celle-ci « serait bien plus dans le vrai en majorant les tarifs « de 20 pour 100, qu'en les abaissant d'une fraction « même minime. »

Les petites mutuelles agricoles contre l'incendie ont un vice fondamental en ce qu'elles enfreignent plus ou moins ces trois principes qui paraissent fondamentaux en matière d'assurance : la division, la classification et la sélection des risques.

La *division des risques,* en nature et en surface (risques urbains et ruraux, industriels et commerciaux, mobiliers, immobiliers...), comment ces caisses la pratiqueraient-elles, si elles garantissent dans une seule commune les seuls risques agricoles, lesquels sont, d'ailleurs, réputés mauvais en raison de la grande inflammabilité des récoltes et de l'éloignement des secours et souvent de l'eau? Telle caisse, qui garantit 178,000 francs, encaissera 100 francs. Durant combien d'années ne sera-t-elle pas à la merci des plus infimes sinistres? Intervient, il est vrai, la réassurance régionale ou centrale, par quoi on espère justement éviter la ruine. Mais alors, c'est toute une organisation, et qui se paie.

Comment *la classification des risques* sera-t-elle opérée par cette organisation complexe ? L'assurance est une vraie science, science d'observation, qui fixe et revise tous les jours l'échelle des tarifs variant du simple au centuple suivant les professions ou les régions. Ou les mutuelles agricoles continueront de procéder avec le dangereux empirisme actuel, ou elles devront monter un coûteux service de statistiques et d'inspection, analogue à celui des grandes sociétés.

Enfin, auraient-elles réalisé ce progrès, qu'elles rencontreraient encore un écueil dans la pratique nécessaire *de la sélection des risques.* Telles catégo-

ries de professions dangereuses, tels départements
entiers parfois, sont exclus des opérations d'une
grande compagnie ; tel risque n'est pris par elle
qu'en partage et dans une proportion minime. Contre les sinistres volontaires ou les ruses dolosives
elle s'arme de clauses sévères. Dans une commune
rurale, de tels procédés seraient-ils possibles ?
Verra-t-on des cultivateurs refuser l'assurance d'un
confrère, ne la prendre qu'à demi, opposer une déchéance ?

On peut ajouter encore d'autres arguments : Les
Caisses d'Assurances agricoles mutuelles contre
l'incendie jouissent d'un traitement privilégié, basé
sur les lois des 21 mars 1884 et 4 juillet 1900. Elles
bénéficient, en outre, de subventions, d'exonérations d'impôts et de l'appui officiel du gouvernement. Cette situation anormale a fait dire à M. de
Rocquigny, délégué au service agricole du Musée
social : « On peut se demander à quoi tend l'organisation des Mutuelles agricoles incendie, subventionnées ou non. En fait, elle tend à partager la
population française en deux classes au point de
vue des conditions et des charges de l'assurance
contre l'incendie. »

Autre argument : l'assurance agricole mutuelle
contre l'incendie repose entièrement sur la responsabilité solidaire des mutualistes. Comment parer
au danger ?

« On les réassurera, dit-on, à de grosses mutuelles pour mettre les petites caisses locales à l'abri
de trop grosses pertes. » Mais croit-on que le réassureur s'exposera à payer trois fois plus de sinistres
qu'il ne recevra de primes ?

Alors, comment sortir d'embarras, sinon par une réassurance à une Caisse Régionale subventionnée par le Gouvernement ?

C'est sur ce danger que nous appelons l'attention. L'État profitera de l'embarras financier des Caisses locales et de leur impuissance manifeste à acquitter les charges accumulées par les sinistres et les emprunts, pour arriver à ses fins, au but que le socialisme poursuit depuis longtemps, à l'assurance par l'État. « Directe ou indirecte, obligatoire ou « facultative, a écrit M. de Rocquigny, l'interven- « tion de l'État vise toujours le même but, envahir « le domaine de l'industrie privée ou de la mutua- « lité indépendante régulièrement organisée, se « substituer peu à peu à elles au moyen des privi- « lèges que donnent à l'administration son influence « et le concours de ses agents, se préparer ainsi un « monopole de fait, en tuant la concurrence libre... « C'est par une pente irrésistible que l'intervention « directe ou indirecte de l'État dans une organisa- « tion générale des assurances agricoles mènerait à « l'application des utopies socialistes (1)... »

(1) En Suisse, un referendum du 20 mai 1900 a repoussé l'assurance obligatoire contre les maladies et les accidents votée au Conseil national (Chambre des Députés) par 113 voix contre 1 et 12 abstentions et au Conseil des États (Sénat) par 35 voix contre 1 abstention. Le peuple l'a repoussée par 341,914 voix contre 183,879, avec raison, selon nous.

Il faut la surveillance et le contrôle de l'État pour l'assu- rance, l'épargne et l'assistance, mais non la concentration, le fonctionnarisme. Le peuple s'est montré plus avisé que ses délégués. En Allemagne, l'administration par l'État des offices d'assurances coûte 73 millions par an, et cependant quelques milliers de personnes et les autorités s'en occu- pent gratuitement.

8

Il est vrai que les mutualistes se prétendent capables de barrer la route à ces empiètements de l'État. Nos petites caisses locales, disent-ils, sont la propriété de contribuables et d'électeurs ; ceux-ci ne se laisseront pas faire par l'État, tandis que celui-ci pourra facilement racheter les Compagnies d'Assurances. On ne songe pas qu'il sera toujours loisible à l'État de s'emparer de l'assurance agricole en se proposant à elle comme un réassureur bienveillant et que les sociétés qui n'accepteront pas sa réassurance seront déclarées irrégulières.

L'assurance agricole mutuelle contre l'incendie sera donc réassurée par l'État si elle se développe. Ce qui revient à dire qu'elle sera monopolisée. Le moindre inconvénient de la monopolisation de fait de l'assurance agricole, sous le nom anodin de réassurance des Caisses syndicales, consisterait dans l'impossibilité pour l'État de choisir ses risques et, ensuite, de les réassurer. La proportion des sinistres augmenterait d'autant.

L'État, rencontrant dans l'exploitation du monopole les aléas dont nous venons de parler et d'autres encore, n'aura rien de plus pressé, pour mettre fin aux difficultés, que d'augmenter les tarifs. Cela veut dire que les agriculteurs paieront à l'État une prime plus élevée qu'aux Compagnies. Ce sera un impôt nouveau. Cet impôt, l'État aura sans cesse la tentation de l'augmenter, car il a sans cesse besoin d'accroître ses ressources. De telle sorte que le jour où l'État tirerait de véritables bénéfices du monopole des assurances agricoles serait aussi le jour où le contribuable rural paierait le plus cher, la garantie qu'il obtient aujourd'hui des Compagnies à des conditions que la concurrence limite.

Nous savons ce que valent les monopoles, tabacs, allumettes, chemins de fer de l'État, postes, télégraphes et téléphones, et nous pouvons juger par là de ce qui nous serait réservé si l'État s'adjugeait le monopole des assurances comme celui de l'alcool, des mines, etc... « L'État, a écrit Onésime Reclus « — qui n'est pas suspect de réaction, — mérite les « reproches que lui font sans compter les économis- « tes, les historiens, les philosophes et, au vrai, « tous les hommes qui réfléchissent. De sa nature il « est coûteux, prodigue, corruptible, paresseux et « comme ankylosé ; on pourrait ajouter toute une « kyrielle de « qualités » non moins éminentes ; « mais il suffira de dire que, par le fisc, il démoralise « la nation et que, finalement, il la met sur la « paille. »

Nous ne sommes pas partisan des mutuelles agricoles incendie, estimant que ces sociétés ne peuvent offrir aux agriculteurs des conditions meilleures que celles qui résultent de la concurrence entre les Compagnies à primes fixes, les vieilles mutuelles et les sociétés étrangères. D'autre part, les mutuelles agricoles incendie porteraient préjudice aux nouvelles mutuelles, peu répandues encore, — mutuelles bétail, grêle, accidents ; — qu'il serait au contraire très utile de développer et pour lesquelles a été faite, en réalité, la loi du 4 juillet 1890. N'est-il pas juste et rationnel de réserver le crédit inscrit au budget aux assurances agricoles difficiles à créer ou à développer — contre la grêle par exemple ?

4° Assurances ouvrières

Un économiste allemand, M. Brentano, dans une Étude fort curieuse, a énuméré les assurances que devrait contracter l'ouvrier pour être complètement à couvert des risques qui l'entourent (1).

Il faudrait 1° une assurance en cas de décès, pour sa veuve et ses enfants ; 2° une assurance de rente pour ses vieux jours ; 3° une assurance pour subvenir aux frais de ses funérailles ; 4° une assurance pour les cas d'infirmité ; 5° une autre pour les cas de maladie ; 6° une autre, enfin, pour le cas de chômage.

Il est certain qu'un pareil nombre d'assurances imposerait, surtout dans les campagnes, de lourdes primes que M. Chaufton (2) a évaluées à o fr. 70 par jour. Or, si on songe que la moyenne des salaires ruraux en France s'élève à 2 fr. 30 par jour, on voit que la part à affecter au paiement des primes (1/3 du salaire quotidien) serait beaucoup trop élevée pour pouvoir être supportée.

L'assurance pratiquée par la classe ouvrière d'une façon aussi complète reste donc un idéal dont nous sommes encore fort éloignés. Au surplus, il est clair que l'adhésion à une Société de Secours mutuels peut rendre au travailleur des services analogues à ceux qu'il pourrait attendre de l'assurance, par exemple pour subvenir aux frais des funérailles, de maladie, d'infirmité et de vieillesse. Quant à l'assurance pour le cas de chômage, M. Chaufton estime, avec raison,

(1) Cité par M. Robert SAVARY, *les Assurances mutuelles.* Paris, H. Jouve, rue Racine, 15.
(2) *Traité de l'assurance.*

qu'elle ne pourrait être entreprise avec chance de succès que par une mutuelle formée entre les ouvriers d'une même profession, en d'autres termes par une association professionnelle. Nous avons vu plus haut que cette éventualité était prévue par un certain nombre de Sociétés de Secours mutuels.

En ce qui concerne les accidents du travail, on sait que la question est réglée aujourd'hui par des lois spéciales (1).

5° Assurances agricoles

L'agriculture, qui est la plus ancienne, la plus importante, la plus nécessaire de toutes les branches de l'industrie humaine, est exposée à de nombreux dangers ; maladies du bétail, gelée, grêle, orages, pluies, sécheresse, inondations, maladies cryptogamiques, campagnols, incendie, etc... Elle n'échappe souvent à un péril que pour tomber dans un autre et constitue bien, selon un mot connu, *le commerce des espérances*. Quelques-uns de ces dangers peuvent être conjurés par des assurances.

L'enquête agricole de 1892 constatait qu'au 30 novembre, il existait en France 47 millions et demi de têtes de bétail, pour une valeur de 5,202,656,000 fr. La perte était estimée par an à 32 millions et demi et frappait surtout la petite culture, qui observe moins bien les conditions de l'hygiène et qui est plus durement atteinte par les pertes, son bétail représentant souvent tout son avoir. Sans doute,

(1) Loi du 9 avril 1898 et loi du 30 juin 1899 déclarant la loi de 1898 applicable à l'agriculture quand il est fait usage de moteurs inanimés.

des crédits annuels sont portés au budget pour indemnités, mais ces crédits sont si insuffisants qu'ils constituent plutôt des secours que des indemnités. Le seul remède, c'est l'assurance qui existe chez toutes les nations, en Belgique, en Suisse, en Suède, au Danemark, dans les Pays-Bas, en Angleterre. La France est entrée également dans cette voie.

Mais le cheptel vivant n'est pas le seul avoir du cultivateur; il y a aussi sa production végétale, ses récoltes qui réprésentent 10 milliards 611 millions et qui subissent chaque année, par la grêle, des dégâts évalués 90 millions, répartis sur 500.000 sinistrés (1). Là encore, l'assurance vient rendre de grands services.

Contre la gelée, qui cause 70 millions de dégâts en moyenne (en 1873, 247 millions), l'assurance est encore possible, bien que difficile; en revanche, contre les inondations et les pluies torrentielles, qui causent 23 millions et demi de dommages par an, l'assurance est malheureusement impuissante.

D'une façon générale, les assurances agricoles semblent réservées aux mutuelles. La mutualité règne dans la branche bétail à peu près sans concurrence de la part des compagnies à primes « qui ont complètement échoué devant les difficultés spéciales à cette nature d'assurances » : défaut de bonnes statistiques pour la fixation des tarifs qui doivent suivre les chances de mortalité très variables suivant les régions, difficulté de recruter de bons agents, aggra-

---

(1) En 1873, les dégâts s'élevèrent à 313 millions.
En 1874,   —   —   à 363 millions.
En 1891,   —   —   à 400 millions.

vation de la mortalité imputable à la fraude ou au manque de soins, insuffisance du contrôle sur les sinistres et leurs causes (1).

Pour l'assurance grêle, les compagnies à primes fonctionnent à côté des sociétés mutuelles (2).

Ici encore, nous nous trouvons en présence de deux systèmes, celui de l'École libérale et celui de de l'Étatisme, du monopole des Assurances que certains voudraient attribuer à l'État.

Ce projet ne date pas d'hier ; Louis Blanc l'avait déjà proposé il y a 60 ans ; l'assurance devenait obligatoire et on eût payé la prime avec l'impôt. Émile de Girardin avait soutenu la même opinion, et le second Empire avait essayé de donner une certaine satisfaction à ces idées par un projet daté de juin 1857, sur la Caisse générale des Assurances agricoles, qui aurait permis aux cultivateurs de s'assurer contre les pertes du bétail, de récolte, même par la gelée, la grêle ou les inondations. Le projet ayant été rejeté par le Conseil d'État, une caisse officieuse fut cependant formée, le 30 décembre 1858, mais elle ne fut pas longtemps à tomber au-dessous de ses affaires et dut liquider dans des conditions désastreuses.

L'expérience appuie notre opinion ; l'assurance réparatrice n'est pas affaire de l'État, il ne doit faire que de l'assurance préventive, s'il est permis de s'exprimer ainsi. A lui de recommander les mesures d'hygiène contre les épidémies du bétail,

(1) C¹ᵉ DE ROCQUIGNY : *L'intervention des Syndicats agricoles contre la mortalité du bétail.*

(2) En 1903, les Compagnies à prime assuraient 208 millions 786,127 francs de capitaux, et les Mutuelles 305,567,293 francs.

les mesures de prévoyance contre les inondations.
Pour les assurances proprement dites, il appartient
aux intéressés de se défendre eux-mêmes; qu'ils se
groupent en Syndicats, qu'ils forment à côté des
syndicats des Assurances mutuelles contre la mortalité du bétail, par exemple, ou contre la grêle,
sous leur patronage mais avec une administration et
une caisse distinctes. Ou encore, que les Syndicats
servent d'intermédiaires désintéressés entre leurs
adhérents et les grandes Sociétés d'assurances (1).

Grâce à l'initiative des Syndicats agricoles, l'idée
de prévoyance a pénétré de plus en plus dans les
campagnes. En 1868, M. Méline, ministre de l'Agriculture, fit insérer au budget une disposition permettant de subventionner les Sociétés d'Assurances
agricoles : « La mutualité, disait-il avec raison, est
la solution pacifique du problème social. » Vint
ensuite la loi du 4 juillet 1900 qui est devenue la
charte de la petite mutualité agricole (2).

Ces mesures bienveillantes eurent les plus heureux résultats. A la fin de 1897, on ne comptait que
1,484 assurances mutuelles agricoles ; en 1901, il y en
avait 3,021 qui avaient reçu 465,450 francs de subventions ; en 1903, elles dépassaient 4,000 ; au 30 janvier 1900, on comptait spécialement 2,200 sociétés
d'assurances mutuelles contre la mortalité du bétail

(1) Dès 1894, la Société des Agriculteurs de France, sur le
rapport de M. le comte de Rocquigny, adoptait un vœu dans
ce sens.

(2) Ces sociétés, qui ne font pas des bénéfices, sont affran-
chies des formalités de la loi du 24 juillet 1867, mais soumises
à la loi du 21 mars 1884 sur les Syndicats professionnels et
exemptes des droits de timbre et d'enregistrement, sauf du
timbre de 0 fr. 10.

alors qu'en 1906 on en comptait 6,200. Au 1er juin 1908, enfin, d'après le rapport du ministre de l'Agriculture au Président de la République, il existait tait 8,780 sociétés d'Assurances mutuelles agricoles se répartissant ainsi qu'il suit selon la nature des risques garantis :

Contre la mortalité du bétail. . . 7.241
Sociétés de réassurance-bétail . . 53
Contre l'incendie des risques agricoles 1.442
Sociétés de réassurance-incendie. . 16
Contre la grêle. 24
Contre les accidents agricoles. . . 4

                                    8.780

Malheureusement les résultats sont peut-être un peu plus apparents que réels, sauf pour ceux de ces risques qui ne trouvaient pas à se faire couvrir auparavant par des Compagnies à primes fixes ; d'autre part, certaines de ces sociétés sont évidemment éphémères. Si nous examinons les chiffres de près, nous voyons, par exemple, que les mutuelles-bétail assurent un capital de 400 millions, les mutuelles-incendie 250 millions, les mutuelles-grêle 25 millions. Ce sont là, en réalité, des chiffres insignifiants comparés aux milliards que garantissent les grandes Compagnies d'assurances.

Le résultat n'est pas cependant négligeable, hâtons-nous de le dire, pour ceux de ces risques qui ne trouvaient pas à se faire couvrir par des compagnies à primes fixes. Contre la gelée, par exemple, il n'existait pas de société à primes fixes spéciales ; seules, quelques Compagnies, comme l'*Avenir*, le garantissaient parallèlement à d'autres. Pour la grêle, seules quelques grandes Compagnies comme l'*Abeille*, par exemple, acceptaient de couvrir ce risque.

La façon dont fonctionnent les petites mutuelles agricoles a une grande impor'ance; M. de Rocquigny a établi que, si les Com agnies d'assurances contre la mortalité du bétail devraient se constituer au moyen de caisses locales réassurées à des caisses départementales, constituées par un fonds commun destiné à être réparti entre celles qui auraient subi des pertes extraordinaires, enfin à une caisse nationale, pour la grêle, au contraire, la commune constituait une base trop restreinte ; il était préférable, selon lui, de prendre comme point de départ un canton ou même deux cantons et de classer les récoltes par catégories, avec réassurance par une caisse départementale comme pour le bétail. A vrai dire, il ne s'agit pas d'une réassurance proprement dite, mais de subventions prélevées sur le fonds commun de secours.

En ce qui concerne spécialement les sociétés mutuelles contre les risques agricoles d'incendie, nous avons dit plus haut que, de l'avis des personnes compétentes, leur développement n'était pas désirable et qu'il était beaucoup plus sûr, pour beaucoup de raisons, de s'assurer contre l'incendie à une grande mutuelle qu'à une petite mutuelle locale. Nous avons montré le danger de la réassurance à des caisses régionales subventionnées par le gouvernement qui aboutirait à substituer bientôt l'État à

l'initiative privée et à lui donner en fait le monopole des assurances en tuant la concurrence libre.
Or on sait ce que valent les monopoles.

Nous ajouterons qu'en réalité la loi du 4 juillet
1900 dispensant les petites mutuelles agricoles des
formalités et des frais de constitution, l'exemptant
des droits, leur accordant des subventions et leur
assurant le concours et l'appui des fonctionnaires,
n'a pas été faite pour les assurances contre l'incendie.
Il existe en France, sans parler des Compagnies à
primes, des grandes mutuelles très sérieuses et très
solides, qui ne demandent rien à l'État et qui lui
paient, au contraire, des impôts considérables. Est-
il sage de leur susciter une concurrence? Est-ce là
le but visé par le législateur de 1900 qui a entendu
favoriser surtout les nouvelles mutuelles peu répandues encore, bétail, grêle, accidents? N'est-il pas
juste et rationnel de réserver le crédit, inscrit au
budget, pour les assurances difficiles à créer ou à
développer, pour celles contre la grêle, par exemple?

Assurances contre les accidents agricoles

La loi du 9 avril 1898 n'étant pas applicable aux
accidents agricoles et celle du 30 juin 1899 spécifiant
formellement que les accidents agricoles ne tombent
sous le coup de la loi du 9 avril 1898 que dans le cas
où il est fait usage d'une machine à moteur inanimé,
une batteuse à vapeur par exemple, les cultivateurs
restent soumis à la responsabilité de droit commun.
Autrement dit, le cultivateur n'est responsable,

comme tout le monde, que des accidents survenus
par sa faute (art. 1382 et suivants du Code civil).
Seulement il est arrivé que les tribunaux, chargés
de fixer la part de responsabilité des chefs d'exploitation, ont étendu peu à peu, même aux cas rentrant
sous l'empire du droit commun, les principes de responsabilité et les tarifs d'indemnité résultant de la
loi de 1898.

Si, en droit, la loi sur les accidents ne touche pas
l'agriculture, en fait elle a donc rendu sa responsabilité plus sérieuse, elle a éveillé les prétentions des
ouvriers, elle les a poussés à réclamer des domma-
ges-intérêts auxquels ils n'avaient jamais songé, si
bien que, pour éviter des ennuis et des procès toujours désagréables, beaucoup de cultivateurs se sont
décidés à s'assurer.

Évidemment, le risque agricole n'étant pas essen-
tiellement visé par la loi, les cultivateurs ne doivent
pas payer aussi cher que les industriels, cependant
ils ont intérêt à s'adresser à une Compagnie sérieuse, en mesure de faire face à ses engagements.
La belle avance si, pour économiser 20 francs sur
son assurance, un cultivateur s'expose à perdre
5,000 ou 10,000 francs en cas d'accident grave (1)!

Ce genre d'assurances a pris beaucoup d'exten-

(1) Le service de la mutualité, organisé par la Société des
Agriculteurs de France, depuis le 25 octobre 1904, fournit
tous les renseignements utiles concernant les assurances,
accidents, bétail, etc. (Paris, 8, rue d'Athènes).
Nous donnerions la préférence aux Sociétés mutuelles
disposant déjà de plusieurs millions, puisque, complètement indépendantes, sans obligations ni capital à rémunérer, ces Sociétés offrent une garantie de plus à leurs membres, aucun autre intérêt ne venant s'opposer à l'intérêt
des adhérents.

sion depuis quelques années, et il est vraisemblable que bientôt toutes les exploitations d'une certaine étendue seront assurées, l'agriculteur prévoyant devant être amené par la force des choses à considérer les charges des nouvelles lois comme frais généraux de l'exploitation au même titre que les salaires du personnel, les impôts, l'entretien du matériel, l'assurance contre l'incendie et la mortalité du bétail.

On voit par ce qui précède que les Assurances agricoles sont, en quelque sorte, les fruits des syndicats « qui constituent la forme la plus complète « et la plus scientifique de l'Association libre (1) ». Nous les trouvons à la base de tous les progrès, initiateurs de toutes les œuvres de prévoyance, crédit agricole, mutuelles contre la mortalité du bétail, contre la grêle, secours mutuels, retraites, habitations ouvrières.

Parmi les institutions de prévoyance, nous espérons avoir montré la supériorité de l'assurance qui surpasse toutes les autres par la grandeur du résultat, qui est la plus complète et la plus parfaite. Il reste à la faire connaître et à la faire apprécier. Ce sera l'œuvre des Syndicats.

Jadis, le travailleur agricole, patient et fataliste, s'inclinait sous le poids des fléaux qui l'assaillaient, de l'incendie qui dévorait ses récoltes ou de la grêle qui dévastait sa vigne. Le lendemain, sans rancœur, il recommençait sa tâche et faisait comme l'araignée qui tisse de nouveau sa toile déchirée.

Nous n'en sommes plus là, car, déjà, de grands

---

(1) KERGALL : *Du rôle social des syndicats agricoles.*

progrès ont été réalisés en matière de prévoyance et de mutualité. Tout le monde s'y est mis, l'initiative individuelle, l'association libre et l'action gouvernementale.

Le succès de l'assurance ne saurait être douteux puisqu'elle constitue, pour la défense des biens comme pour la défense des personnes, un des instruments les plus puissants pour les petits cultivateurs plus encore peut-être que pour les grands, grâce à l'association.

Les syndicats agricoles sauront mener à bien cette grande œuvre et prouveront ainsi une fois de plus qu'ils constituent réellement le plus merveilleux outil économique du progrès agricole et social (1).

« Sans doute, comme l'a dit M. Méline, l'agricul-
« teur restera toujours exposé à beaucoup de ris-
« ques et de mécomptes. Il n'est le maître ni de
« l'heure ni du temps. Mais il a à sa disposition un
« moyen tout-puissant de conjurer le danger, tout
« au moins de l'atténuer. Ce moyen, c'est l'assu-
« rance, ce paratonnerre merveilleux, qui n'est
« encore qu'à ses débuts et qui finira par tout em-
« brasser, tout protéger. »

(1) TAILLANDIER : *Des assurances agricoles.*

V

Caisses mutuelles de Crédit agricole

Les œuvres de mutualité ont un double but : tout
en rendant aux cultivateurs des services matériels,
elles doivent les instruire et combattre la routine.

L'application de la mutualité au crédit répond à
ces deux préoccupations.

Dans les campagnes, on ne recourt à l'emprunt
qu'en cas d'absolue nécessité et en se dissimulant
autant que possible pour ne pas ébranler sa réputation. Avoir du crédit est une bonne note, or, le crédit ne repose pas seulement sur la certitude que l'on
peut avoir de la solvabilité d'un emprunteur, mais
aussi sur la certitude qu'on a de sa situation, de sa
probité, sur l'estime dont il jouit.

Comment un cultivateur peut-il convertir en capitaux le crédit dont il peut jouir ?

Les grands établissements financiers ne sont pas
renseignés sur sa solvabilité et n'ont pas malheureusement coutume de consentir des prêts à l'agriculture, pas plus, d'ailleurs, qu'au commerce et à
l'industrie. On sait, en effet, que, contrairement à ce
qui se passe à l'étranger, notamment en Allemagne,
nos grandes Sociétés de crédit, bien qu'elles se tar-
guent dans leurs prospectus de favoriser le développement de l'industrie et du commerce, s'occupent
principalement de l'émission des emprunts étrangers.

Jadis, toutes les localités de quelque importance possédaient des petites banques qui, à même d'être renseignées sur la situation et la solvabilité des agriculteurs ou des commerçants du pays, leur rendaient, le cas échéant, des services sérieux. Malheureusement, ces banques locales, écrasées par la concurrence des grandes banques de dépôt et de leurs innombrables succursales, ont vu peu à peu réduire le cercle de leurs opérations.

Emprunter à un particulier est chose délicate, le créancier pouvant être tenté d'abuser de la situation.

Ainsi, le travailleur a ses bras, son énergie qui est un capital réel quoique personnel et sa terre, où dort la moisson qui va se lever. Il a besoin d'argent. Alors apparaît l'efficacité du principe de solidarité de l'association. Si vingt personnes se déclarent solidaires de mes efforts et de mes promesses, l'engagement commun prend une valeur nouvelle et constitue la base d'une véritable richesse. Ces capitaux, que les cultivateurs auraient du mal à se procurer à des conditions convenables s'ils agissaient isolément, ils les obtiendront par l'association, soit que mettant en commun leurs ressources, ils puissent tantôt prêter, tantôt emprunter les uns aux autres les fonds dont ils ont besoin, soit que, répondant les uns pour les autres, ils présentent une somme de garanties morales et matérielles suffisante pour se concilier des prêteurs honnêtes et sérieux.

Toutefois, l'usage trop facile du crédit pourrait être nuisible; il était indispensable d'établir certaines garanties. Tout d'abord, ce crédit ne devra viser que des opérations agricoles d'un caractère nettement déterminé, ayant une durée limitée et devant produire des bénéfices par elles-mêmes, comme : achats d'engrais, d'un cheval, d'une vache, avances sur la récolte, etc., et non à des opérations aléatoires comme serait celle de constituer un fonds de roulement ou un capital d'exploitation.

De plus, une institution de crédit mutuel ne doit recruter ses adhérents que dans une circonscription restreinte, une commune, par exemple. En effet, les relations habituelles qui existent entre les habitants d'une même commune permettent seules cette connaissance et cette confiance réciproque qui autorisent des hommes à s'engager les uns pour les autres ; ces relations établissent aussi, de la manière la plus naturelle et la plus efficace, la surveillance nécessaire à l'observation des conditions du prêt.

Il est évident que ces conditions seront plus aisées à remplir s'il existe dans la commune un syndicat agricole professionnel sur lequel la Caisse de crédit pourra s'appuyer.

L'expérience l'a prouvé, les syndicats constituent la base la meilleure de toute organisation mutuelle. Sans risques aucuns, le Syndicat permet d'étudier les aptitudes de chacun dans la pratique de la mutualité, c'est une première sélection. Donnant naissance à plusieurs institutions mutuelles annexes, il est ensuite le point commun qui les réunit, il assure leur gestion et coordonne leurs efforts ; ses réserves servent au besoin de première mise de fonds pour leur organisation. On voit que nous retrouvons toujours le syndicat à la base de toute création de mutualité agricole.

Des différentes formes du Crédit mutuel rural.

Dans l'application, deux formes de crédit rural sont possibles.

La forme type est celle de la Caisse à responsabilité solidaire et illimitée, généralement connue sous le nom de caisse Raiffeisen. Il n'y a pas de capital versé, la Société emprunte les fonds dont ses membres ont besoin. Les associés s'engagent solidairement vis-à-vis des tiers à payer toutes les dettes de la Société, garantissant ainsi les prêteurs contre l'insolvabilité d'un emprunteur. Plus que tout autre, cette forme de crédit est une œuvre de moralisation et de vraie mutualité, les engagements réciproques des associés supposant une confiance absolue et une sélection rigoureuse des adhérents.

La portée de ces engagements ne doit pas cependant effrayer outre mesure, car, en pratique, elle est toujours limitée par la fixation d'un maximum pour les emprunts possibles de la Société.

L'autre forme est celle de la *responsabilité limitée;* les associés souscrivent un capital déterminé dont ils versent le quart, les trois autres quarts peuvent être appelés suivant les besoins de la caisse; mais, en aucun cas, les porteurs de parts ne peuvent être engagés au-delà de leur souscription.

On a imaginé aussi une formule intermédiaire dite *responsabilité mixte.* Les membres souscrivent solidairement un engagement pour une somme égale à un certain nombre de fois le capital social, formé par des souscriptions de parts.

De cette manière, les associés ne sont engagés que pour une somme déterminée, tout en présentant une garantie plus étendue.

Une loi spéciale, celle du 5 novembre 1894, a simplifié heureusement, en faveur des Caisses mutuelles de Crédit agricole, les formalités légales requises pour la formation des sociétés. La constitution d'une Caisse de Crédit mutuel demande, d'ailleurs, comme toutes les Associations reposant sur la mutualité, le concours de quelques hommes dévoués qui formeront les cadres nécessaires à son fonctionnement. A eux de rédiger les statuts suivant les convenances et les nécessités locales, certaines dispositions exigées par la loi devant, d'ailleurs, être insérées dans tous les statuts (1).

Quelle que soit la forme adoptée, que la caisse soit à responsabilité solidaire et illimitée ou à responsabilité limitée, ces petites caisses locales, véritables banquiers des Syndicats et des cultivateurs, doivent, aux termes de la loi, s'affilier aux caisses régionales, chargées par la loi du 31 mars 1899 de répartir, entre les caisses locales, les subventions données par l'État sous forme d'avances sans intérêts, au moyen des fonds que la Banque de France a mis à sa disposition.

Les Caisses régionales sont des sociétés de Crédit agricole régies par la loi du 5 novembre 1894 ; leurs parts peuvent être souscrites, soit par des caisses locales, soit par des individus, membres de Syndi-

(1) Voir DURAND : *Manuel de Caisses rurales*, Paris, 5, rue Bayard. Caisses de Crédit mutuel agricole. Union Centrale des Syndicats des Agriculteurs de France. — DELIGER : *Mutualité agricole*, Ch. AMAT, édit., Paris.

cats agricoles, mais elles ne peuvent faire d'opérations qu'avec les caisses locales, quel que soit, d'ailleurs, leur type.

Les Caisses régionales doivent, au surplus, mettre certaines conditions à l'administration des Caisses locales (1).

Eu résumé, le Crédit mutuel agricole fonctionne aujourd'hui depuis assez longtemps pour que la théorie puisse s'appuyer sur l'expérience.

En Allemagne, en Italie, en Autriche-Hongrie, c'est par milliers que se chiffrent les Caisses de Crédit mutuel et par millions les capitaux qu'ils ont mis à la disposition de leurs membres.

Mais il n'est plus besoin maintenant de chercher des exemples à l'étranger; en France même, le mouvement s'étend de jour en jour. Deux grandes fédérations la dirigent. L'une, le *Centre fédératif du Crédit populaire*, groupait, au 1ᵉʳ octobre 1903, 21 Caisses régionales et 305 Caisses locales de divers types, presque toutes agricoles. Ce total était passé à 315 au 1ᵉʳ janvier 1905.

L'autre, l'*Union des Caisses rurales et ouvrières*, avait créé, au 1ᵉʳ janvier 1905, plus de 1,000 Caisses rurales, dont 700 environ fonctionnaient régulièrement.

En dehors de ces deux groupements, on compte un certain nombre de Caisses indépendantes, environ 30 Caisses régionales et 360 Caisses locales. En outre, il s'est constitué, en 1908, une fédération des Caisses régionales de Crédit mutuel agricole à la

_____

(1) Voir sur ces conditions la brochure de l'Union centrale visée ci-dessus.

suite d'une réunion qui a eu lieu à Paris, au mois d'avril, sous la présidence de M. Jules Benard.

Sur 90 Caisses régionales, 71 étaient représentées par des délégués. La Fédération nationale des Caisses régionales de Crédit agricole a pour but de servir de trait d'union entre les Caisses adhérentes, de coordonner les efforts isolés de chacune d'elles, de favoriser l'extension et le fonctionnement des institutions de Crédit mutuel, d'étudier en commun et de soumettre au Gouvernement les moyens propres à améliorer le régime du Crédit rural, réel ou personnel, individuel ou collectif. Le ministre de l'Agriculture est président d'honneur de la Fédération.

A la fin de 1903, une statistique dressée par le ministère de l'Agriculture constatait l'existence de 41 Caisses régionales groupant 616 Caisses locales auxquelles elles avaient distribué, outre leurs capitaux propres (1.500.000 fr. environ) et les avances de l'État (8.737.396 fr.), les autres emprunts qu'elles avaient pu contracter.

Ces chiffres augmentent tous les jours, ainsi qu'on peut s'en rendre compte par les relevés ci-dessous.

On comptait au 31 décembre 1905 :

Caisses régionales	64
Caisses locales	1.355
Membres adhérents	61.874
Avances de l'État	19.605.000
Prêts consentis	44.162.000

et au 31 décembre 1906 :

Caisses régionales	74
Caisses locales	1.638

Membres adhérents   76.188
Avances de l'État   22.985.381
Prêts consentis   56.789.856

Au troisième Congrès de Toulouse, qui a eu lieu au mois de mai 1908, M. Decharme, chef du service du Crédit mutuel agricole au ministère de l'Agriculture, a fait connaître qu'à cette époque il existait 2,180 Caisses locales, 92 Caisses régionales et 100,000 adhérents. Une seule Caisse régionale, celle de l'Hérault, a fait, en 1908, plus de 23 millions d'opérations.

Le dernier rapport du ministre de l'Agriculture au Président de la République, publié au *Journal officiel* du 9 décembre 1910, accuse pour l'année 1909 une augmentation de 347 Sociétés locales et de 16,516 adhérents, avec un chiffre d'affaires supérieur de près de 13 millions à celui de 1908, soit 103 millions 868,000 francs en 1909 contre 91,030,000 francs en 1908.

Au bout de dix années de fonctionnement, le Crédit agricole a donc pris des racines puissantes ; il comptait, à la fin de 1909, 2,983 sociétés locales avec 133,382 adhérents, et ses 95 Caisses régionales disposaient de près de 62 millions de ressources diverses. Ses progrès n'ont fait que s'accentuer davantage en 1910. Il reste cependant bien du chemin à parcourir pour égaler l'Allemagne, par exemple, qui possédait, en 1909, 12,894 sociétés de Crédit agricole disposant d'un capital de 1,700 millions de marks et faisant plusieurs milliards d'affaires.

On peut donc dire que, malgré les difficultés qui paraissaient s'opposer à la constitution de ces sociétés, le Crédit mutuel entre de plus en plus dans les mœurs de l'Agriculture. En France, comme à l'étranger, il n'a jamais donné que de bons résultats et, sur les milliers de Caisses qui fonctionnent en Europe sur les mêmes bases, on peut affirmer qu'il n'en est pas une qui ait sombré en faisant encourir des pertes aux cultivateurs. Si on considère, d'autre part, les services qu'elles rendent en favorisant les Syndicats agricoles, la constitution des mutualités contre la mortalité du bétail, des caisses de réassurances, l'aide qu'elles apportent aux Sociétés de Secours mutuels, à l'organisation des retraites agricoles, on se rend compte de la haute portée sociale de cette œuvre et du rôle important qu'elle joue au point de vue du développement des Institutions de prévoyance pour les populations de nos campagnes.

VI

Sociétés Coopératives Agricoles

1° Coopératives de consommation. — 2° Coopératives de transformation et de vente. — 3° Coopératives de production et de vente.

Sociétés Coopératives agricoles

M. Georges Michel a donné de la coopération une définition qui fait bien comprendre à quel point cette forme d'association est appropriée aux besoins présents des producteurs agricoles : « La coopération, dit-il, est une entente entre des personnes qui réunissent leurs forces pour lutter avec succès contre les obstacles qui s'opposent aux individus et pour être capables d'offrir ou d'obtenir des avantages supérieurs à ceux qu'elles pourraient offrir ou obtenir si elles restaient isolées (1). »

Produire plus et à meilleur compte, participer au bénéfice des transformations industrielles qui assurent à la matière première agricole une plus-value sur le marché, vendre plus avantageusement : tel est le programme de la coopération appliquée à l'exploitation du sol.

De toutes parts, en Europe, l'effort individuel est reconnu insuffisant pour soutenir la compétition de

---

(1) *L'Économiste français* du 23 novembre 1895.

plus en plus âpre à laquelle se livrent les producteurs agricoles du monde entier. Comme l'a justement observé M. le comte de Rocquigny (1), « la « protection naturelle des distances à franchir ne « protège plus personne, les anciens monopoles de « fait ont vécu, les barrières de douanes sont vaines... « le marché est devenu universel et il obéit à des « fluctuations qui se répercutent entre les points les « plus extrêmes du globe. Seule, l'habile organisa- « tion des producteurs, la concentration de leurs « forces, leur union pour produire mieux et à meil- « leur marché peut encore les mettre à même d'ex- « ploiter la terre avec ce bénéfice modeste qui les « fuit chaque jour. C'est aux méthodes coopératives, « si fécondes, si souples dans leurs pratiques variées, « que l'agriculture demandera sans hésiter cette ini- « tiative et cette puissance, afin d'obéir à l'inéluc- « table nécessité d'approprier ses conditions d'exis- « tence à l'évolution économique des échanges. »

Les sociétés coopératives agricoles peuvent se constituer sous la forme de sociétés civiles ou anonymes, conformément aux lois du 24 juillet 1867 et du 1er août 1893.

La plupart des coopératives agricoles aujourd'hui existantes ont été constituées par des syndicats; cependant rien ne s'oppose à ce que l'initiative soit prise par des personnes de bonne volonté.

Ces sociétés ne sont pas astreintes à la patente; elles sont à capital et à personnel variable ; ce capi-

---

(1) Comte de Rocquigny : *La Coopération de production dans l'agriculture.* Résolution votée par le premier Congrès international de la Coopération à Londres, août 1895. Paris, Guillaume et Cie, 1896.

tal est généralement souscrit par les sociétaires eux-
mêmes qui prennent des parts de 25, 50 ou 100 francs,
rapportant un intérêt de 3 à 4 o/o et remboursables
chaque année par voie de tirage, de manière à amor-
tir graduellement le capital d'emprunt.

On distingue des *coopératives de consommation
ou d'achat*, des *coopératives de transformation* et
des *coopératives de production*; ces deux dernières
sont également des *coopératives de vente*. Il existe
aussi des *coopératives mixtes* qui achètent et qui
vendent pour leurs associés.

I. Coopératives de Consommation

Ces coopératives, souvent annexées à des syndicats agricoles, fonctionnent de façon variée et diffé-
rente. Les unes se bornent à acheter en gros pour
revendre en détail à leurs membres. D'autres établissent des magasins-succursales où elles reven-
dent les matières premières agricoles, engrais, tour-
teaux, épicerie, quincaillerie, vaisselle, etc. Le boni
est généralement distribué aux associés, au prorata
de leurs achats.

La Coopérative agricole de l'Eure, dans un des
derniers exercices, avait fourni 3,891,050 kilos
d'engrais d'une valeur de 355,691 francs, et pour
56,371 fr. 15 de marchandises diverses.

Certaines coopératives de consommation s'éten-
dent sur plusieurs départements et leur mouvement
d'affaires grandit alors considérablement. La coopérative de l'Union des Syndicats agricoles du Sud-Est
a livré à ses membres :

en 1904 :

12,562 tonnes d'engrais
1,528 — de matières alimentaires pour le bétail.
120 — de matériaux de construction.
2,851 — de charbon.
412 — de machines.
2,250 instruments moyens.
4,300 petits outils.

La Coopérative agricole des Alpes et de Provence rayonne sur 7 départements et groupe 220 syndicats. Pour son 13ᵉ exercice, le montant des opérations de vente pour le compte de ses membres a été de 1,215,000 francs, dont près de moitié pour le département de Vaucluse.

Divers syndicats agricoles ont établi des boucheries, des boulangeries coopératives, ces dernières en assez grand nombre ; on en comptait plus de 400 en 1907. Certains Syndicats du Gers et des Basses-Pyrénées ont même créé des meuneries-boulangeries coopératives.

II. Coopératives de transformation et de vente

Les coopératives de transformation et de vente groupent les matières premières, les traitent en commun, en assurent la vente et partagent le bénéfice. Les plus anciennes de ces associations sont les *fruitières* ou *fromageries* du Jura.

Depuis quelques années, à l'exemple des pays étrangers et notamment du Danemark, on a créé sur divers points de la France des *Laiteries coopé-ratives* groupant un certain nombre de sociétaires, qui s'engagent à fournir le lait de leurs vaches pour la fabrication du beurre ou du fromage. Les laiteries coopératives des Charentes et du Poitou, par exemple, ont obtenu d'excellents résultats. L'association centrale, qui groupe ces coopératives et opère en leur nom, représente 107 laiteries qui traitent 230 millions de litres de lait, fabriquent 10,700,000 kilos de beurre et obtiennent des recettes dépassant annuellement 34 millions de francs. Le beurre est vendu en moyenne 2 fr. 80 par kilo et le prix du litre de lait payé aux sociétaires (y compris la valeur du petit-lait) s'élève à 14 centimes au moins, exactement 0,148. Les prix extrêmes ont varié de 11 à 18 centimes.

Ces résultats en ont provoqué d'autres qui ne sont pas moins intéressants. Avec le développement de la production laitière, on a réussi à obtenir plus de fumiers, et le rendement des céréales a doublé.

En même temps, les idées de mutualité et d'assurance se sont répandues : assurances contre la mortalité du bétail, assurances contre les accidents agricoles au profit des sociétaires des coopératives laitières, organisation d'une caisse de retraites au profit des ouvriers de laiterie (360 francs par an après 30 ans de services).

A Surgères (Charente-Inférieure), il a été créé, en outre, une école professionnelle de laiterie qui donne un enseignement théorique et pratique aux employés de laiterie. L'intérêt général et l'intérêt particulier se trouvent ainsi favorisés ; aussi l'exemple des laiteries coopératives des Charentes et du

Poitou a-t-il été suivi un peu de tous les côtés, dans la Meuse, en Basse-Normandie, en Bretagne, dans l'Aisne, etc... De grandes laiteries se sont formées, dans lesquelles on a complètement transformé l'outillage industriel ; on a adopté partout les écrémeuses centrifuges qui permettent de traiter des quantités considérables de lait et de fabriquer le beurre presque aussitôt après la traite.

Les petits propriétaires ont bien compris qu'au lieu de vendre leur lait à bas prix aux laiteries industrielles, ils avaient avantage à s'unir, à se syndiquer pour travailler eux-mêmes leurs produits ; c'est ainsi qu'ils ont eu l'idée de créer parmi eux des laiteries coopératives.

Quant aux nombreux avantages de ces laiteries, nous les résumerons ainsi : diminution de main-d'œuvre, augmentation de la qualité et de la quantité des produits, débouchés certains et nombreux, suppression des intermédiaires entre les producteurs et les consommateurs.

On n'est pas encore arrivé, en France comme dans les provinces rhénanes de l'Allemagne, à tenter l'organisation collective de la fabrication du vin par l'apport des raisins à un pressoir commun, de même qu'on livre le lait à la laiterie ou à la fromagerie coopérative. En revanche, la coopération a commencé à faire ses preuves pour la mouture des grains et la panification.

Entre le producteur de blé et le consommateur de pain, qui est tout le monde, se placent deux intermédiaires, le meunier et le boulanger, parfois même un troisième, le marchand de farine, et un quatrième, le commissionnaire, qui font payer cher leurs services. Il arrive ainsi que le producteur vendant son blé à bas prix, le consommateur continue cependant à payer son pain à un taux qui n'est pas en rapport avec la valeur de la matière première. La coopération fournit le moyen de combler l'écart, de réserver au producteur le bénéfice de la transformation industrielle du blé en farine et même en pain, tout en permettant de livrer le pain à meilleur compte au consommateur.

Pour l'huile d'olive, de même que pour le vin, la conviction dans laquelle se plaît le cultivateur que sa récolte est supérieure en qualité à celle du voisin, le manque de confiance et de solidarité mettent encore obstacle à l'organisation d'une fabrication collective bien comprise qui pourrait être un réel progrès, aussi les tentatives qui ont été faites jusqu'à ce jour sont-elles assez rares et incomplètes.

III. Coopératives de production et de vente

Parfois les producteurs transforment séparément et individuellement les matières premières récoltées, raisins, olives, fruits, en vins, huiles, eaux-de-vie qu'ils groupent ensuite pour la vente en commun. Ils forment alors une coopérative de production et de vente.

IV. Coopératives mixtes

Les coopératives mixtes tiennent à la fois des coopératives de production et des coopératives de vente ; elles fournissent aux cultivateurs syndiqués l'outillage et les matières premières nécessaires à l'agriculture et facilitent la vente des produits récoltés. Ces associations sont fort nombreuses et existent un peu dans toutes les régions.

Afin d'encourager le développement des coopératives agricoles, le Parlement a voté, le 29 décembre 1906, une loi les appelant à bénéficier des avantages du crédit agricole ; les caisses régionales peuvent, en effet, recevoir du gouvernement des avances spéciales destinées aux coopératives agricoles sur les fonds versés par la Banque de France, en vertu de la convention du 31 octobre 1896 approuvée par la loi du 17 novembre 1897.

Ces avances ne peuvent d'ailleurs être consenties que sous certaines conditions assez rigoureuses. Les opérations ne peuvent concerner que les récoltes ou produits de ses membres. Les statuts indiquent la circonscription territoriale de la Coopérative, le mode d'administration et le montant du capital social.

Les parts des sociétaires sont nominatives, productives d'un intérêt ne dépassant pas 4 pour 100 et remboursables à un taux non supérieur au prix de souscription.

Il n'est pas distribué de dividende, autrement la société aurait un caractère commercial ; s'il y a un bénéfice en fin d'exercice, il est partagé entre les sociétaires ayant fait des opérations et au prorata de ces opérations avec la coopérative.

Naturellement ces sociétés sont un peu sous la tutelle de la caisse régionale qui fait les avances. laquelle en est responsable vis-à-vis de l'État : les statuts doivent être soumis à son approbation et aucun changement n'y peut être apporté sans son consentement, la comptabilité est tenue dans les formes commerciales et selon les instructions ministérielles.

La coopérative doit être affiliée à une caisse locale de crédit mutuel constituée sur les bases de la loi du 5 novembre 1894. Une fois l'avance consentie, la caisse régionale exerce son contrôle sur les opérations de la coopérative pour s'assurer que les fonds ne sont pas détournés de leur destination; si des modifications dans leur emploi s'imposaient, elles devraient être préalablement soumises à son agrément. L'avance n'est versée qu'au fur et à mesure de l'emploi prévu.

Si la coopérative doit posséder par la suite des terrains ou des bâtiments situés sur ses terrains, promesse d'hypothèque au profit de l'État doit être spécifiée dans les statuts ou par décision de l'assemblée générale.

La constitution de ces hypothèques est gênante et coûteuse, il n'est pas douteux qu'elle empêchera bon nombre de sociétés coopératives de demander des avances à l'État, d'autant plus que la société ne peut se procurer que les deux tiers des capitaux dont elle a besoin et à un taux qui n'est pas très différent de celui d'un emprunt aux particuliers.

Le Syndicat des fruitières du pays de Gex et la caisse régionale de crédit agricole de la Haute-Savoie ont observé notamment que, dans leur région, les sociétés fruitières ne sont pas constituées par actions, mais par groupement de propriétaires qui mettent en commun le lait, empruntent le capital pour la création de la fruitière et souscrivent un engagement solidaire, ce qui constitue une garantie excellente, alors que l'hypothèque sur un bâtiment de fruitière est presque nul. On réclame donc la suppression de la formalité de l'hypothèque quand le conseil d'administration de la caisse régionale aura reconnu cette formalité inutile et l'obligation pour les sociétaires d'être porteurs de parts.

Il serait désirable que la loi fût modifiée et simplifiée. Les avantages offerts par la loi du 26 décembre 1906 sont en effet, bien faibles et, en revanche, les formalités imposées par le décret du 26 août 1907 bien nombreuses et compliquées. Il semble que les cultivateurs préféreront, en général, conserver une plus grande liberté d'action en adoptant la forme syndicale et la forme coopérative.

En résumé, on voit que le grand mouvement de progrès que les syndicats ont inauguré dans notre agriculture, il y a près de 30 ans, est en voie de se compléter par une forme nouvelle d'association, la coopération appliquée à la production et à la vente des produits agricoles. Beurreries et fromageries, caves coopératives, sociétés oléicoles, féculeries, distilleries, sucreries, fabriques de conserves, simples sociétés de vente en commun, etc., ces diverses organisations coopératives se propagent et transforment profondément les anciennes mœurs individualistes des cultivateurs.

Ces coopératives sont devenues si nombreuses qu'elles ont senti le besoin de s'unir en une Fédération nationale des coopératives agricoles de production et de vente (1). Dans une réunion tenue au Musée social, par le Conseil de la Fédération, on a

(1) Paris, 5 rue Las-Cases; président, M. Eug. Tisserand, Directeur honoraire de l'Agriculture.

accepté l'affiliation en bloc des 114 laiteries coopératives formant l'Association centrale des laiteries
coopératives des Charentes et du Poitou.

Les coopératives agricoles deviennent une puissance, aussi leur succès a-t-il suscité des plaintes de
la part du commerce, qui voit avec regret s'organiser une concurrence redoutable. C'est ainsi, par
exemple, qu'une coalition de négociants a longtemps
entravé le développement de la coopérative des
producteurs de la violette de Toulouse qui, aujour-
d'hui, expédie pour 500 francs de violettes par jour
à Londres et presque autant à Paris.

Des décisions judiciaires, des dispositions législatives spéciales exemptent de la licence les Sociétés
coopératives agricoles vendant exclusivement les
récoltes de leurs membres. L'idéal, c'est que la coopération ne serve qu'à ceux qui en ont besoin et
pour ce dont ils ont besoin.

Nous en avons dit assez sur ces institutions qui
nous ont paru mériter de retenir l'attention pour les
services qu'elles sont appelées à rendre à l'agriculture, bien qu'elles ne soient peut-être pas, à proprement parler, des institutions de prévoyance.

VII

La petite propriété rurale

Le bien de famille

M. de la Tour du Pin a dit avec raison que « pour rendre le peuple conservateur, il fallait lui donner quelque chose à conserver ». D'autre part, comme l'on ne pourra jamais se passer des paysans, comme ils forment la principale richesse d'un pays, comme c'est à la forte race des campagnes que la France doit ses meilleurs défenseurs, comme ce sont les paysans qui supportent presque tout le poids de la production, et que, sans les paysans, dont le sang pur régénère sans cesse la race étiolée de nos villes, l'espèce dégénérerait rapidement et périrait, victime de l'alcool et des mille causes de destruction qu'engendrent les grandes agglomérations des cités, il ne faut négliger aucun moyen pour les retenir au village.

Or, il est prouvé qu'on n'attache réellement l'homme à la terre que par la propriété. C'est la dispersion presque infinie de la petite propriété qui a fait de nous la nation de paysans que nous sommes pour notre salut. Peut-être, si la propriété d'Outre-Manche avait été mieux répartie, plus divisée, n'aurait-on pas vu en Angleterre ce phénomène qui fait l'étonnement du monde, une nation sans paysans où, à part la viande, tout ce qui se mange vient du dehors. Nous n'avons pas à nous en plaindre, nous qui sommes, pour une forte part, les fournisseurs de cette table. Mais vienne une guerre, une catastrophe, un de ces événements qui arrêtent pour un jour ou une année le mouvement normal de la vie mondiale, et l'Angleterre, sans ressources, étouffée, affamée, connaîtrait les pires angoisses qui puissent être réservées à un peuple.

En tout cas, le mal dont l'Angleterre se plaint et que constatait le roi Édouard à la séance d'ouverture du Parlement de 1908, doit nous servir de leçon. La première condition à remplir, si on veut retenir l'ouvrier à la campagne, c'est de lui assurer un logement agréable et gai, entouré d'un jardin où il puisse se reposer et cultiver des légumes.

Depuis une vingtaine d'années, de grands efforts ont été faits pour améliorer l'habitation des ouvriers des villes et pour rendre ces ouvriers autant que possible propriétaires de leurs maisons ; mais les efforts ne s'exerçaient guère que dans les agglomérations ou près des grandes usines. L'ouvrier agricole ne pouvait pas participer aux avantages que le législateur et des sociétés privées ont pu accorder aux ouvriers industriels. Et cependant l'ouvrier agricole a un désir plus vif encore que l'ouvrier industriel d'être propriétaire non seulement de sa maison, mais aussi d'un lopin de terre qu'il puisse cultiver. C'est là son idéal, et, pour le réaliser, il se lance souvent dans des combinaisons onéreuses qui le condamnent à une gêne continuelle.

Cet amour du paysan pour la terre s'est manifesté de longue date. Il résulte d'enquêtes poursuivies à la fin du XVIᵉ siècle, en Bourgogne et en Champagne, qu'à cette époque, la petite propriété était déjà très répandue dans toute la région qui s'étend de Dijon à Langres. Depuis, le morcellement de la propriété n'a fait que s'affirmer. A l'heure actuelle, à cet âge de la « Terre qui meurt », comme le qualifient des écrivains peut-être un peu trop pessimistes, l'amour du sol, l'un des plus puissants remparts de conservation sociale qui soient, se montre plus enraciné, plus ardent que jamais.

On compte 2 millions de paysans français qui cultivent leurs biens et, à côté d'eux, plus de 600,000 tâcherons, propriétaires de petits lopins de terre. La crise rurale provient donc surtout de la diminution du nombre des salariés et non de la réduction du nombre des propriétaires terriens.

On a fait grand bruit, au Parlement, autour des retraites ouvrières, mais les ouvriers agricoles aimeraient beaucoup mieux acquérir un petit champ que d'avoir une retraite en argent. Il faut tenir compte de cette préférence et du même coup on travaillerait dans l'intérêt général.

En effet, tous ceux qui connaissent le caractère des paysans savent que les enfants sont considérés par eux comme devant être un soutien dans la vie et en particulier dans les vieux jours. Or, si la retraite est accordée à des personnes qui déjà ont des secours en cas de vieillesse ou d'infirmités, les naissances seront assurément de moins en moins nombreuses. L'ouvrier agricole qui aura constitué une petite propriété sera, au contraire, moins hostile à la famille qui pourra l'aider. L'influence de cette forme de prévoyance sera moins néfaste que la retraite ou tempérera celle-ci dans ses effets, ce qui ne doit pas être négligé en un temps où la France se dépeuple. Quand la balance des naissances et des décès se chiffre en un pays, comme en 1907 en France, par un excédent de 20,000 décès, en chiffres ronds, et que ce fait devient de plus en plus fréquent, on doit envisager toute réforme sociale au point de vue de sa répercussion sur ce phénomène, le plus grave qu'un peuple puisse avoir à étudier.

A l'égard donc de la diminution des naissances, l'accession de l'ouvrier agricole à la petite propriété paraît devoir être plus bienfaisante que l'institution d'une retraite. A un autre point de vue, enfin, cette réforme pourra avoir une excellente influence si elle contribue à arrêter l'émigration des campagnes vers les villes.

Un ingénieur agronome, M. J. Ricard, qui a fait pendant plusieurs années des conférences agricoles dans les casernes de Paris, a ouvert une enquête dans le 2e régiment de cuirassiers qui se recrute un peu dans toutes les régions. Il a exposé un jour les causes générales de l'abandon des campagnes indiquées par les économistes et a demandé à ses auditeurs de lui faire connaître leur avis. La plupart des soldats ont insisté sur le manque d'argent pour louer ou acheter une ferme. Cette réponse, qu'il faut retenir, prouve combien est utile la loi récente sur la petite propriété et les maisons à bon marché, votée le 13 avril 1908 sur l'initiative de MM. Ribot, Siegfried et de 164 de leurs collègues, loi qui a étendu aux jardins et champs n'excédant pas un hectare, les avantages prévus par la loi du 12 avril 1906 et 30 novembre 1891. L'État met une somme de cent millions, au taux de 2 pour 100 à la disposition des

travailleurs ruraux sous certaines conditions (1),
mais il ne prêtera pas directement aux ouvriers
agricoles. L'État exige la constitution de sociétés
régionales qui lui servent d'intermédiaires et de
garantie. Ces sociétés doivent avoir un capital d'au
moins 200.000 francs dont la moitié au plus pourra
être versée. L'État remettra à ces sociétés quatre
fois la somme versée. La somme qu'il prêtera, il la
demandera à la caisse des retraites qui place à 3 1/2
pour 100. La différence entre le taux auquel il
empruntera, soit 3 1/2 pour 100 et celui auquel il
prêtera, soit 2 pour 100, représentera le sacrifice de
de l'État dans cette opération.

La loi en question ne recevra peut-être, malheureusement, que des applications assez rares. Il y a,
dans le recueil de nos lois, bien des textes qui sont
restés lettre morte.

D'autre part, l'ouvrier qui va se rendre acquéreur
d'un jardin ou d'un champ d'un hectare, trouvera-
t-il facilement le capital d'exploitation nécessaire ?
M. Zolla croit que cela présentera souvent une certaine difficulté, tout en reconnaissant que le crédit
agricole est indiqué pour tirer d'embarras cet ouvrier
propriétaire, et que, somme toute, la loi sur le cré-

(1) Ces conditions sont les suivantes : 1° possession du
cinquième du prix ; 2° Contrat avec la Compagnie nationale
d'Assurances sur la vie d'une assurance à prime unique
pour assurer le paiement de leur acquisition en cas de mort ;
3° Valeur locative inférieure au maximum de la loi de 1906.
S'il s'agit d'un champ, 1° que la valeur locative du logement
n'excède pas les 2/3 du chiffre fixé par la loi de 1906; 2° que
le prix d'acquisition et les charges ne dépassent pas
1,200 francs ; 3° que l'acquéreur s'engage à cultiver le champ
en personne ou par sa famille.

dit agricole et la loi sur la petite propriété sont destinées à combiner leur action.

Malgré les lacunes de la loi et les obstacles que
rencontre sa mise en vigueur, on signale sur quelques points des essais d'application ; dans le Pas-
de-Calais, M. Ribot a prêché d'exemple et constitué
une société, de même M. J. Siegfried au Havre.

Il y a une vingtaine d'années on aurait pu émettre
de façon assez certaine des pronostics plutôt pessimistes au sujet du succès de cette idée. Les ruraux
n'avaient que peu de goût pour les associations, ils
n'entretenaient guère entre eux que des rapports de
vendeur à acheteur dans les foires et les marchés.
Depuis, ils se sont familiarisés avec l'idée d'association, d'abord avec les Syndicats agricoles, puis
avec les sociétés d'Assurances contre la mortalité
du bétail, les accidents, les sociétés coopératives,
les sociétés de Crédit agricole, et il n'est pas impossible que l'exemple donné par le Pas-de-Calais soit
suivi.

Sans doute il n'y pas à la campagne de taudis
aussi infects et surtout aussi malsains que dans les
villes, mais nous avons dit l'utilité qu'il y avait
à maintenir l'ouvrier aux champs. Or, dans la plupart des fermes, il n'existe pas de pièce isolée pour
les ouvriers mariés ; ceux-ci préfèrent, dès lors, se
placer comme gardes, domestiques de ville, et leurs
femmes comme cuisinières ou femmes de chambre.

La constitution d'un foyer contribuera donc à resserrer les liens de la famille et, en même temps, à
combattre l'influence des cabarets et l'alcoolisme.

Les hommes de la campagne ont le goût du jardi-
nage. Ce sera pour le ménage une joie et un délas-

sement de cultiver des légumes, des fruits, quelques
fleurs même qu'il n'aurait pas s'il n'avait pas de
jardin. On pense l'accueil que feraient ces petits
propriétaires aux avances des collectivistes.

Au moment où l'on agite la question des Retraites
ouvrières, on peut rappeler avec opportunité un mot
de E. Cheysson, l'éminent économiste : « L'acquisi-
« tion de la maison par le père de famille est une
« des solutions les plus élégantes et les plus efficaces
« du problème qui hante actuellement la mutualité,
« celui des retraites. »

La maison payée constitue, en effet, une retraite
égale au loyer et transmissible, c'est-à-dire bien
supérieure moralement.

On objecte que les salaires insuffisants ne permettront pas aux ouvriers de faire les avances exigées
par la loi (le 1/5). En Belgique, par exemple, la loi
du 9 août 1889 demande à l'ouvrier de disposer seulement du dixième du prix de l'immeuble, les 9/10
étant avancés par la Caisse d'Épargne nationale. Il
en est de même en Allemagne (loi de 1891) et en
Suède où l'État consent des prêts destinés à l'achat
de petites propriétés. En France, les Caisses rurales
de droit commun peuvent, elles aussi, faire des
avances à longs termes.

On ne saurait se dissimuler, d'ailleurs, que tout
cela est assez compliqué et que les applications de
la loi de 1908 ne seront peut-être pas très fréquentes, sans compter que la loi française n'a pas fait la
part très large aux travailleurs ; un champ d'une
surface maximum d'un hectare et d'une valeur de
1,200 francs au plus, c'est trop peu, et il serait désirable d'obtenir davantage. Aussi quelques bons

esprits, tout en appréciant le but hautement moral visé par cette loi, se demandent-ils si le système adopté au Danemark ne serait pas plus simple et plus pratique.

Le Danemark, en effet, a porté à 5,200 francs le maximum des avances individuelles pour achat de pièces de terre de 1 à 5 hectares environ, lesquelles sont revendues aux ouvriers agricoles, qui se libèrent par annuités en 16 ans (loi du 24 mai 1899). Il résulte d'une Enquête ouverte en 1905 qu'en cinq ans il a été constitué, au moyen de ces avances, 1,859 petites propriétés.

Sur 1,814 fermes, 1,667 appartenaient à des cultivateurs qui louaient aussi leurs services à des propriétaires voisins. Au 1er avril 1906, l'étendue des propriétés constituées à l'aide de la loi était de 5,856 hectares, soit une moyenne de 3 h. 15 par propriétaire, le tout d'une valeur de 10 millions, soit une moyenne de 5,500 francs par ferme. Le total des avances de l'État s'élevait à 9 millions.

La plupart des bénéficiaires de la loi de 1899 sont restés en possession ; cependant 85 ont vendu, 4 sont devenus insolvables, d'où une perte de 6,000 francs pour le Trésor, la seule qu'il ait subie.

Peut-être pourrions-nous nous inspirer de l'exemple du Danemark, où l'expérience paraît avoir réussi.

Quoi qu'il en soit, toutes les mesures qui ont pour objet de maintenir les travailleurs à la campagne méritent d'être approuvées. Il faut, en effet, favoriser à tout prix, dans l'intérêt du pays entier, le retour à la terre, indispensable à la grandeur de la nation. Ainsi que J.-J. Rousseau le disait dans

l'*Émile* : « Les hommes ne sont pas faits pour être
« entassés, en fourmilières, mais épars sur la terre
« qu'ils doivent cultiver (1). »

Si l'on part de ce principe que les lois sociales
ne produisent d'effets bienfaisants qu'autant qu'elles
répondent à un besoin, à une tradition, comme il
est facile de prouver l'amour du paysan français
pour la terre, on peut en conclure que la nouvelle
loi ne saurait donner que d'heureux résultats, mais
elle n'a, selon nous, de chance de succès que si
elle est prise en main par les Syndicats agricoles.

Le bien de famille

La loi du 8 juillet 1909 pour la création en faveur
de la population rurale, d'un bien de famille insaisissable, a été inspirée par les mêmes sentiments
que la précédente. « La terre se dépeuple ! La terre
« se morcelle ! dit-on de toutes parts ; il est temps
« de réagir, de venir en aide au cultivateur, de l'at-
« tacher en quelque sorte à sa terre natale qu'il
« aime, en l'y établissant plus solidement avec sa
« famille (2). »

Ce n'est pas de gaieté de cœur que le paysan vend
son lopin de terre, sa chaumière, la maison où ont
vécu les ancêtres, où il est né, et où chaque génération a laissé son empreinte et ses souvenirs.

Mais, trop souvent, le malheur, les mauvaises
années, les hypothèques, les dettes accumulées,

(1) *Émile*, 1762, l. I, p. 36.
(2) Rapport de M. Guillier, sénateur.

l'obligent à vendre, à se détacher de ses humbles
pénates. Qu'arrive-t-il alors ? La famille se disperse, quitte le village et va cacher sa détresse dans
les villes, augmenter la masse des miséreux qui
végètent dans les faubourgs malsains, après avoir
connu la vie au grand air.

On est unanime à constater l'exode anormal et
inquiétant des habitants des campagnes attirés par
le mirage des villes. Cette immigration dans les
centres urbains est causée, moins par le développement et les modifications de l'industrie, que par la
centralisation administrative, par l'accroissement
favorisé des valeurs mobilières, par la multiplication des moyens de communication et de transport
qui facilitent incidemment la concurrence étrangère
si désastreuse pour le cultivateur ; elle résulte principalement de la lourdeur toujours croissante,
excessive, des impôts qui pèsent sur la terre, source
initiale de richesse et de travail (1). Celle-ci est
encore menacée de nouveaux impôts arbitraires,
alors que les charges qui la frappent sont hors de
proportion avec celles dont sont grevés les autres
revenus.

Cet état économique a déjà pour effet la dépopulation progressive des campagnes et, surtout dans
certaines régions, la diminution de valeur de la
propriété foncière. Bientôt, l'amoindrissement de
cette force productive paralysera, par répercussion,
le développement de l'industrie qui transforme, du
commerce qui colporte, et alors l'économie politi-

(1) Cf. la doctrine des *Physiocrates* (Quesnay, Mirabeau
(le père), Turgot, l'abbé Beaudeau, Condillac, etc.) et celle
d'Adam Smith.

que de la nation s'écroulera : la France, à un moment critique, pourra se trouver à la discrétion de l'étranger.

Les économistes se sont émus de cette situation et certains ont pensé trouver le remède absolu à ce mal évident dans l'institution du *Bien de famille* insaisissable.

Ainsi, disent-ils, la propriété rurale sera protégée et la petite épargne française sera attirée vers la terre ; le paysan, certain de garder son bien d'une façon durable, fera valoir, avec un soin jaloux, ce champ, patrimoine de la famille ; celle-ci restera attachée au pays d'origine ; l'ouvrier agricole et l'ouvrier des villes, devenus propriétaires insaisis-sables, auront le pain du lendemain toujours assuré et, si une crise survient, elle sera pour eux passa-gère, car, par suite de l'incapacité relative d'hypo-théquer, ils sauront parer à toutes éventualités, à l'abri de l'expropriation et des ventes coûteuses qui nécessitent une procédure si longue et si compli-quée et qui résultent souvent d'emprunts hypothé-caires inutiles (1).

Œuvre de justice, de sécurité pour le groupe familial tout entier, pour le père de famille, les femmes et les enfants, le projet n'est-il pas, au point de vue moral, économique et social, la solu-tion logique du problème agraire ? Il favorise la cohésion de la famille, la diffusion et la conserva-tion de la petite propriété. Il aura pour résultat de mieux répartir la fortune publique. Les ouvriers, appelés à vivre sous leur propre toit, apprendront

(1) *Réforme économique.* Art. de M. Maurice Taillandier.

à mieux connaître et à respecter la propriété de l'héritage.

En droit — ajoutent les partisans du projet — l'application du régime n'aurait rien que de très normal. L'insaisissabilité se comprend ; elle n'est pas, d'ailleurs, une nouveauté dans notre législation. Elle protège déjà les 9/10 des salaires des ouvriers et employés, la plupart des traitements et les pensions alimentaires. Elle existe aussi au profit des femmes mariées sous le régime dotal. Il convient, en outre, de remarquer que la constitution d'un bien de famille ne pourra porter atteinte aux droits acquis et ne sera pas opposable aux créanciers antérieurs pourvu qu'ils aient rempli certaines formalités.

Dira-t-on que le propriétaire du bien de famille sera exposé à perdre tout crédit ? Sans doute, il trouvera moins de complaisance de la part des prêteurs et vendeurs, que la certitude de pouvoir se faire payer, au besoin, par une brutale expropriation, rend actuellement très larges à ce point de vue. Serait-ce là un mal ?

Assuré de ce qui lui est indispensable par son bien de famille insaisissable, le paysan, à l'abri des manœuvres des usuriers, pourra, au contraire, mieux comprendre les bienfaits de l'association sous toutes ses formes : syndicats agricoles, sociétés d'assurances contre la mortalité du bétail, coopératives de production, de consommation, Caisses de crédit.

Le bien de famille ne saurait comporter, d'ailleurs, tout ce que peut posséder un individu ; il y aura, parmi les biens du cultivateur, l'îlot d'immunité, le carré intangible ; de plus, ce bien de famille insaisissable ne sera pas constitué clandestinement, l'acte qui l'organisera sera public. Le petit cultivateur ne se trouvera donc pas privé, par suite de l'insaisissabilité de son bien de famille, des services du crédit agricole ; s'il en devait être ainsi, la loi irait contre son but, car le crédit agricole est d'une incontestable utilité pour le paysan, et la mutualité agricole a précisément pour but de le développer et d'en assurer le fonctionnement.

Il ne s'agit plus, du reste, d'une expérience à tenter. Le « bien de famille » est une institution déjà ancienne en d'autres pays, aux États-Unis notamment, où il s'appelle le *homestead* et où il fonctionne à merveille. Là, il se compose d'une maison et d'un champ y attenant ; le propriétaire doit l'exploiter lui-même, mais nul ne peut le contraindre à l'abandonner.

En Allemagne, il existe sous le nom de *heimstatt* pour les biens ruraux que le propriétaire ne peut grever que jusqu'à concurrence de la moitié du revenu.

En Angleterre, une loi de 1887 a multiplié les *allottments* de 40 ares au maximum, donnés aux ouvriers à bail perpétuel. Une loi de 1892 a créé de petits domaines suffisants pour nourrir une famille.

En Belgique, il existe des lois analogues sur les habitations ouvrières. En Italie, le Parlement est saisi de la question.

Les heureux effets déjà produits à l'étranger permettent d'escompter les bons résultats que cette innovation donnera en France. La loi est établie, d'ailleurs, de façon à ne gêner aucune liberté ni

aucune initiative privée ; elle n'oblige pas le propriétaire à se créer un bien de famille ; lorsqu'il le
possède, il est encore libre de le vendre sous certaines conditions, notamment le consentement de sa
femme ou, s'il a des enfants mineurs, l'autorisation
de justice.

Le bien de famille pourra comprendre, soit une
maison ou portion de maison divise, soit à la fois,
comme aux États-Unis, une maison et des terres
attenantes et voisines, occupées et exploitées par la
famille.

La valeur du bien de famille ne pourra pas, au
moment de sa fondation, dépasser 8,000 francs.

Grâce à la loi nouvelle, toute une catégorie de
travailleurs pauvres, mais animés de bonne volonté,
sera à l'abri des surprises du sort et pourra espérer
en l'avenir. Cette loi aura pour effet d'augmenter le
nombre des petits propriétaires, de rattacher au sol
la population rurale et d'arrêter peut-être l'abandon
des campagnes dont tout le monde déplore les
funestes conséquences.

Nous devons observer, d'autre part, que beaucoup
de bons esprits se déclarent, au contraire, nettement adversaires de cette mesure législative. Ils
pensent que le *Bien de famille* est contraire à l'esprit, au génie, aux traditions, au degré de civilisation, à l'état économique et social du peuple français. Une institution de cette nature ne saurait être
appréciée, selon eux, par analogie, quant à ses
résultats probables.

D'abord, l'argument qui consiste à comparer les
États-Unis et la France est pratiquement détesta-
ble : « Vérité en-deçà des Pyrénées ; erreur au delà. »

La France est un des pays les plus anciens du vieux monde où les terres cultivables ont été, depuis des siècles, mises en valeur; les États-Unis, au contraire, malgré les perfectionnements de l'industrie, sont encore un pays neuf : d'immenses territoires n'ont pas encore été labourés par le soc de la charrue. Au reste, en France, — ajoutent les opposants, — le projet ne saurait être admis, tant au point de vue juridique qu'au point de vue économique. Il bouleverse les notions essentielles du droit. Le régime de l'insaisissabilité est la négation du principe même de la propriété — articles 537 et 544 du Code civil; — il est contraire à la liberté des conventions, il supprime la règle « qui s'oblige oblige le sien » — articles 2092 et 2093 Code civil; — il a pour conséquence funeste de détruire absolument et immédiatement tout crédit du chef de famille, le patrimoine de celui-ci ne répondant plus de ses engagements. Objection particulièrement grave !

Et puis, dans la pratique, quel est l'ouvrier, le cultivateur honnête, le mari qui abdiquera ainsi ses droits en se donnant lui-même une sorte de conseil judiciaire, qui consentira à cette incapacité susceptible de le frapper pendant le mariage et même après, s'il a des enfants ? Parmi les chefs de famille sérieux et conscients de leur responsabilité, de leurs devoirs, le régime du Bien de famille ne saurait trouver amateurs; l'application du régime ne serait recherchée que par les seuls débiteurs de mauvaise foi. Il peut, en effet, permettre à des débiteurs peu scrupuleux de se soustraire au paiement de leurs dettes; et, dès lors, il va à l'encontre du but, en diminuant le crédit des gens peu fortunés; le gage

11

qu'ils pouvaient offrir disparaissant, ils ne pourront emprunter qu'à un taux élevé.

On ne saurait nier que ces critiques présentent quelque fondement. Certains cultivateurs se montrent assez opposés au principe même : « La défaveur qui atteindra le constituant sera certaine », disent-ils.

S'il en est ainsi, la loi restera sans effet.

Nous croyons, en ce qui nous concerne, que la possibilité de constituer un bien de famille n'aura qu'une influence infime au point de vue de la dépopulation des campagnes et que le vrai remède à ce mal consiste dans le développement des œuvres de prévoyance, dans le maintien des droits protecteurs pour les produits agricoles et dans l'allégement des charges trop lourdes qui pèsent sur la propriété rurale. Cependant nous n'allons pas jusqu'à combattre ce système comme immoral et attentatoire à la dignité humaine. Nous craignons simplement qu'on se fasse illusion sur ses résultats probables. Encore faudrait-il apporter à la loi certaines modifications. L'un des cas les plus intéressants de la création du bien de famille insaisissable serait évidemment celui qui concerne les futurs époux et la constitution du dit bien en vue du mariage. Or, la loi ne prévoit pas que le bien de famille pourra être constitué par contrat de mariage. Il serait utile évidemment de combler cette lacune.

DEUXIÈME PARTIE

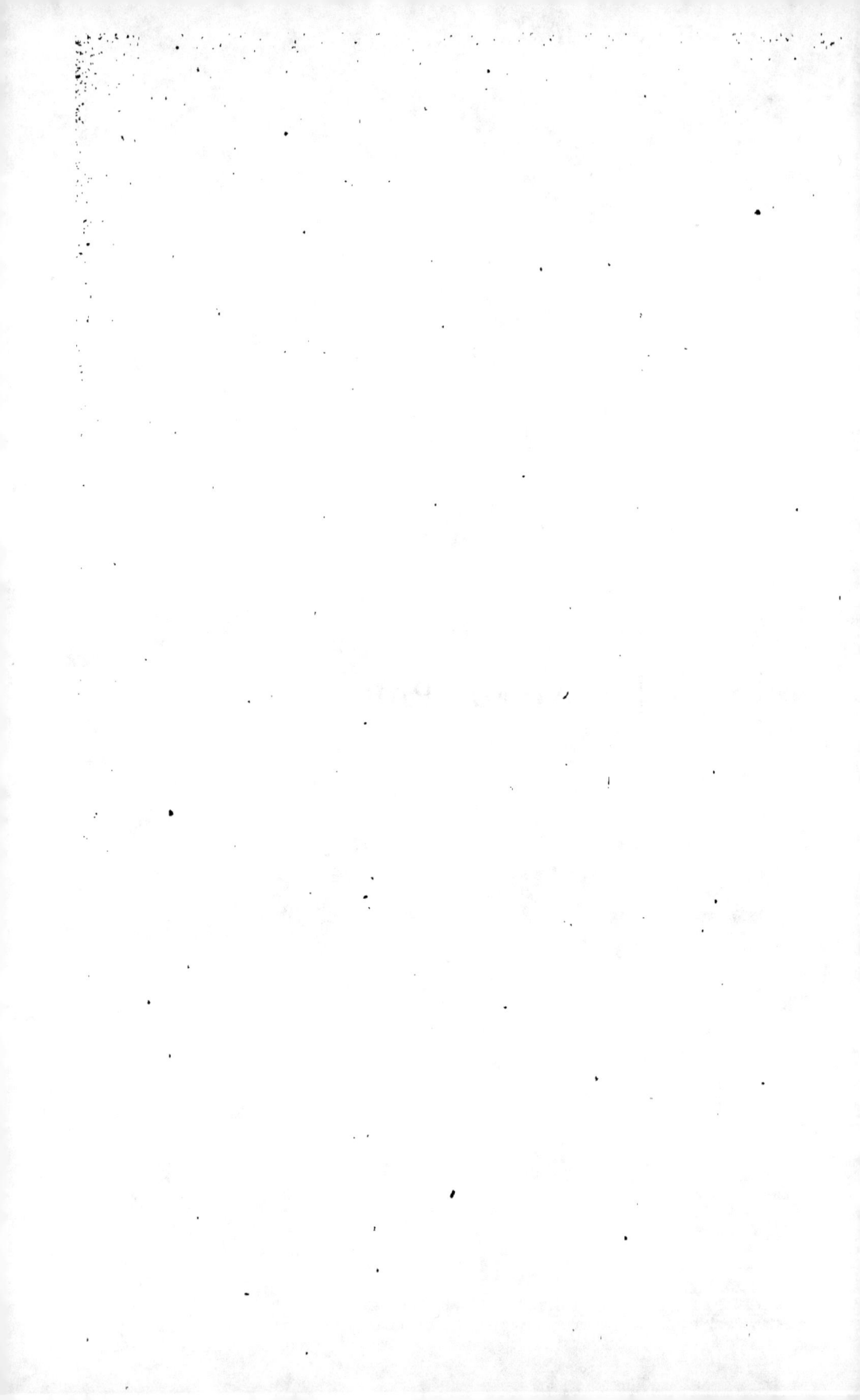

1

Moyens
de développer les Institutions de prévoyance

1º Rôle des Syndicats agricoles. — 2º Les droits des Syndicats agricoles. — 3º Rôle social du propriétaire rural. — 4º Action sociale de la femme. — 5º Les écoles ménagères. — 6º Rôle du clergé.

1º Du rôle des Syndicats agricoles

Nous avons passé en revue les institutions diverses de prévoyance mises à la disposition des travailleurs; on a vu qu'elles étaient nombreuses et variées. Malheureusement combien d'entre elles sont loin de rendre les services qu'on serait en droit d'en attendre !

En présence de la lenteur des progrès accomplis, d'aucuns réclament l'intervention de la loi, l'obligation, par exemple, en matière de retraites ouvrières. Comme si la prévoyance était une de ces vertus qui peuvent s'imposer par décret, comme si les mots prévoyance et obligation pouvaient s'accorder ensemble !

Nous croyons fermement qu'en pareille matière l'action de l'État ne peut se produire utilement que par voie d'encouragement, non de contrainte. Aller plus loin serait courir à un échec. L'intervention gouvernementale est impuissante en ces questions qui relèvent uniquement de l'initiative privée. L'expérience n'est-elle pas là pour prouver la supériorité de l'action morale sur la loi ?

Pour assurer le succès d'une œuvre de prévoyance, il faut, en effet, du dévouement, de l'expérience et de l'argent, trois vertus qui, sans médire du pouvoir, ne sont pas précisément des attributs dominants de l'Administration.

La France, on l'a dit souvent, est un pays de petits propriétaires ; la moyenne et la petite propriété possèdent près des deux tiers du territoire agricole et les trois quarts de la fortune accumulée sont aux mains des petits bourgeois, des petits rentiers, d'ouvriers et de paysans. C'est cette masse — qui constitue la majorité du pays — qu'il faut atteindre, et on n'y arrivera que par l'association qui, dans les campagnes, permet de faire participer la petite propriété aux avantages de la grande.

Sous quelle forme son action se produira-t-elle avec le plus de chances de succès ?

Un petit pays voisin, la Belgique, qui compte moins de 8 millions d'habitants, nous donne un exemple frappant des résultats merveilleux réalisés grâce aux Associations agricoles. Un ministre, M. Helleputte, a pu affirmer un jour à la Chambre des députés, que toutes les familles de paysans belges avaient au moins un de leurs membres affilié à une Société agricole; celles-ci sont d'ailleurs innombrables.

1° Nous y trouvons 158 comices agricoles dont le but est de provoquer et de développer les progrès de l'agriculture au moyen de concours, d'expositions et de champs d'expériences.

2° 973 ligues agricoles dont 516 reconnues juridiquement et 457 non reconnues. Ces ligues comptent 56,330 associés et sont groupées en 8 fédérations. La mutualité et la coopération sont, d'une manière toute spéciale, le but de ces ligues. Elles ont organisé un service d'inspection, de consultations gratuites, d'assurance des ouvriers agricoles, d'assurance contre la mortalité du bétail, contre l'incendie, contre la grêle. En un mot, elles ne demeurent étrangères à aucune des institutions capables de pousser toujours plus avant les progrès de la culture.

907 de ces ligues comptant 53,016 membres ont, en 1905, fait des achats collectifs pour une somme totale de plus de 23 millions, savoir : semences 296,954 francs ; engrais chimiques 10,151,096 francs ; alimentation du bétail, 11,732,894 francs ; machines agricoles 669,556 francs ; divers 432,392 francs.

3° 552 laiteries coopératives comprenant 55.118 membres et possédant un cheptel de 146,674 vaches. La valeur des produits vendus en 1905 s'est élevée à près de 32 millions de francs.

4° 262 sociétés d'apiculture comptant 8,812 membres qui s'occupent de la production et de la vente du miel, ainsi que des perfectionnements à y apporter.

5° 175 sociétés d'horticulture comptant 28,561 membres, groupés en 8 fédérations qui organisent chaque année des concours très importants.

6° 338 syndicats pour le perfectionnement de la race bovine avec 13,354 membres possédant ensemble 42,000 têtes de bétail. Ces syndicats sont groupés en deux fédérations et dépensent plus de 150 mille francs par an.

7° 79 sociétés d'aviculture avec 5,523 membres groupés en une fédération nationale. Le but de ces sociétés est de pourvoir à l'amélioration des oiseaux de basse-cour au point de vue de la chair et des œufs. Les moyens mis en œuvre sont les inspections, les expositions, les conférences et les consultations gratuites qui entraînent plus de 400,000 francs de dépenses.

8° En Belgique, la chèvre laitière est la vache des gens peu aisés. Il existe 124 syndicats pour l'amélioration de la race chevrière avec 6,670 membres.

9°,14 syndicats pour l'amélioration de la race des lapins domestiques. C'est à eux que l'on doit la conservation et le perfectionnement de l'espèce appelée le lapin géant de Flandre.

10° 54 syndicats pour la culture des betteraves à sucre. Leur but est l'achat collectif de semences de choix et surtout le contrôle des produits dans le marché. En 1905, les produits contrôlés par ces syndicats spéciaux avaient une valeur de plus de 3 millions.

11° 675 Mutualités d'assurances contre la mortalité du bétail assurant 174,907 bêtes bovines ; 159 Mutualités d'assurances contre la mortalité des chevaux de culture assurant une valeur de plus de 28 millions d'animaux ; 6 Mutualités assurant spécialement les chevaux-étalons reproducteurs pour une valeur de 2,200,000 francs ; 191 Mutualités d'assurances contre la mortalité des chèvres assurant 29,681 bêtes pour une valeur de 612,000 francs, enfin 29 Mutualités assurant 5,514 porcs pour une valeur de 423,000 francs. Toutes ces mutualités pratiquent de plus un système de réassurance organisé sur des bases très étudiées et très scientifiques.

Au 1er janvier 1906, 8 Comptoirs agricoles avaien·

déjà consenti des prêts pour plus de 8 millions et
428 Caisses spéciales avaient recueilli des dépôts
pour près de 3 millions de prêts. Ces 428 caisses rurales sont fédérées en 6 caisses centrales très prospères.

Nous n'en sommes pas encore là en France ; il est
juste cependant de reconnaître qu'il s'est constitué,
à la faveur de la loi du 21 mars 1884, plus d'un millier de Syndicats agricoles (quelques-uns existaient
en fait, avant cette loi qui a simplement consacré
leur existence).

On sait ce que c'est qu'un Syndicat agricole, association professionnelle formée entre tous ceux (hommes ou femmes) qui travaillent le sol ou tiennent à lui
par un lien quelconque, qu'ils soient propriétaires,
fermiers, métayers ou journaliers (1). Faut-il rappeler que c'est, pour ainsi dire, incidemment qu'au cours
de la discussion de la loi de 1884, au Sénat, on se
décida à ouvrir aux agriculteurs une porte étroite
dans l'article 3 de la loi. On semblait avoir oublié
qu'il y avait en France des agriculteurs et des intérêts agricoles.

Or, il est arrivé que ce sont les paysans qui ont le
mieux répondu aux espérances du législateur, qui
ont le mieux utilisé la loi de 1884 et en ont fait
découler les plus grands et les plus sûrs bienfaits.

L'agriculture française a suivi jusqu'à ce jour une
marche très rationnelle en matière d'association.

(1) *Les Syndicats agricoles et leur œuvre*, par le comte DE
ROCQUIGNY.
Manuel des Syndicats agricoles, par M. DE GAILHARD-BAN-
CEL.
Le Syndicat agricole, par M. DE GAILHARD-BANCEL.
Le Syndicat agricole communal, publication de l'Union
centrale des agriculteurs de France, 8, rue d'Athènes, Paris.

En cela elle s'est montrée supérieure à l'industrie, qui n'a pas agi avec la même méthode et se trouve loin, à l'heure actuelle, de disposer de bases aussi solides.

Le premier organisme, le pivot de toutes les œuvres mutuelles, c'est le Syndicat, qui groupe tous les hommes de la même profession, leur permet de se sentir les coudes, de discuter un programme, de se former une volonté commune. Les agriculteurs ont largement mis à profit la loi du 21 mars 1884, ils ont constitué une quantité d'associations professionnelles puissantes, plus de 4,500, qui ont bravé tous les dangers et ont traversé sans défaillance les crises les plus redoutables.

Tandis que, pour les uns, cette loi est apparue comme devant permettre de réunir en des groupements distincts, les salariés d'un côté, les employeurs de l'autre, d'amplifier les divergences de points de vue, d'attiser les conflits, elle fut accueillie par les agriculteurs comme un moyen de progrès économique, de conciliation et de pacification sociale.

Les manifestations de la vie syndicale dans les campagnes de France sont trop multiples et trop variées pour que nous essayions ici de les analyser dans tous leurs détails. Bornons-nous à dire que leur importance numérique est considérable, leur activité régulière et soutenue, leur organisation très simple et leur action sociale très nette.

A côté des Syndicats agricoles proprement dits qui envisagent toutes les questions relatives à l'agriculture, fonctionnent des syndicats spéciaux qui ne visent qu'un but bien déterminé, comme les syndicats viticoles, horticoles, betteraviers, d'élevage, de vente des produits, d'outillage agricole, de défense contre les dégâts du gibier, de hannetonnage, pour ne citer que les plus répandus. '

Pour fonder un Syndicat, il faut d'abord réunir quelques hommes de bonne volonté qui seront les fondateurs de l'association. A la campagne, ce premier groupe sera relativement facile à former; l'hiver surtout, le cultivateur est assez disposé à répondre à une convocation personnelle. On expose dans cette réunion la nécessité, les bienfaits de l'association, les services que peut rendre un Syndicat au point de vue des intérêts agricoles, économiques et moraux ; on fait connaître ce qui a été fait ailleurs, on communique des statuts, on les discute, on recherche ce qui pourra être fait le plus facilement et le plus utilement dans la région.

L'expérience démontre que le Syndicat doit de préférence être communal « parce que la commune est une sorte de famille dont tous les membres se connaissent et sont unis par une solidarité étroite. Associer des gens qui ont la même vie, les mêmes coutumes et certains caractères généraux semblables, est plus logique que de grouper entre eux des êtres qui s'ignorent et n'ont pas les mêmes habitudes (1). Avec une circonscription restreinte, le recrutement s'opère d'une façon plus rapide et plus complète, la direction est plus efficace, la sélection se fait mieux. »

On pourrait craindre qu'un petit groupement soit

(1) *Le Syndicat agricole communal*, publication del'Union centrale des agriculteurs de France, 8, rue d'Athènes.

trop faible, aussi lui faut-il s'appuyer sur d'autres groupements semblables à lui ; alors il deviendra fort. Une *Union* de petits syndicats communaux est même plus solide et plus durable qu'un grand syndicat départemental, parce qu'elle ne dépend pas au même degré de l'activité, de la popularité ou de l'intelligence d'un seul homme.

La vie syndicale réside tout entière dans les réunions fréquentes des syndiqués. A Poligny (Jura), les jours de foire, les adhérents peuvent prendre leur repas ensemble dans une salle du Syndicat, et ils ne s'en font pas faute, heureux de se rencontrer, de causer, de se renseigner.

Le Syndicat doit d'abord faciliter à ses membres l'acquisition de tout ce dont ils ont besoin pour exercer leur profession, engrais, machines, outils. Il peut aussi organiser des petites sociétés coopératives de production qui groupent les produits agricoles et en facilitent l'écoulement, vin, lait, betteraves, fruits, olives et huile d'olive.

Faire acheter bon marché, faire vendre facilement et avantageusement, c'est quelque chose, mais ce n'est pas tout. Le paysan est exposé à des accidents fréquents, mortalité du bétail, incendie ; a-t-il besoin d'un peu d'argent, il lui faut vendre parfois à vil prix ou emprunter à un taux élevé ; si la maladie l'atteint, le médecin est parfois loin et cher ; s'il vieillit, les infirmités arrivent et il tombe à la charge des siens ou dans la misère.

Le syndicat communal, en organisant les diverses mutualités, apporte au cultivateur le moyen de se garantir contre ces risques divers. La Caisse de Crédit mutuel lui prêtera de l'argent, l'assurance contre la mortalité du bétail le fera rentrer dans les

4/5 des pertes qu'il pourrait subir, l'assurance contre les accidents, l'incendie ou la grêle le couvrira aux meilleures conditions possibles, une Société de secours mutuels lui procurera les soins dont il aura besoin, enfin lui assurera une retraite pour ses vieux jours, tandis que la coopération lui permettra d'augmenter ses ressources. Par une sorte d'instinct spécial, le cultivateur français a pensé à assurer ses biens avant sa personne ; dans les campagnes, on appelle plus vite le vétérinaire que le médecin. De là le succès des Assurances mutuelles agricoles contre la mortalité du bétail ; pour la protection des personnes, nous avons vu plus haut, quand nous avons parlé des Sociétés de secours mutuels et des Assurances sur la Vie, qu'il y avait de grands progrès à réaliser. C'est de ce côté que le monde agricole doit concentrer maintenant son attention, tout en continuant naturellement à développer les autres assurances dans les régions où elles ne sont pas encore assez vulgarisées.

On objectera que les paysans n'ont pas l'esprit d'association, c'est une erreur. Ce qui manque aux cultivateurs, ce n'est pas l'esprit syndical, mais bien la connaissance des moyens à employer pour donner un corps à leurs aspirations. Du reste, la preuve que ce n'est pas là un rêve, c'est que les Syndicats agricoles groupent aujourd'hui, en France, environ 600,000 familles paysannes, qu'ils sont reliés entre eux par des *Unions régionales* qui augmentent dans une large mesure leurs forces et leur influence et que les *Unions régionales* sont elles-mêmes reliées par l'*Union centrale*, qui a son siège à Paris.

« Ainsi sont conservés, grâce aux Syndicats com-
« munaux fédérés en Unions régionales et centrales,

« les fruits de la petite circonscription où cha-
« cun se connaît, où l'administration est réduite au
« minimum, où les intérêts de tous sont identi-
« ques (1). »

Quelle brillante mission, l'amélioration, sous toutes ses formes, du sort de l'agriculture ! C'est à travers l'existence entière du travailleur des champs
que le Syndicat fera sentir son action dans tous ses
besoins, à tous les âges, grâce à ce réseau d'institutions sociales qui faisaient dire au président de
l'*Union*, M. Delalande, au Congrès de Périgueux,
« qu'elles prennent l'homme comme par la main dès
le berceau pour le guider et le soutenir jusqu'au
seuil de la vieillesse ».

Les résultats obtenus par l'*Union des Syndicats
du Sud-Est*, par exemple, montrent l'efficacité de
l'action syndicale ; chaque année leur influence
s'étend et ils ont créé autour d'eux, selon le plan
exposé plus haut, toutes les institutions dont le cultivateur peut avoir besoin : coopératives d'achat, de
vente, de production, de conservation, de transformation, de consommation des produits.

Dans cette seule région qui comprend 10 départements, on compte 64 caisses de crédit, 8,000 exploitations assurées contre les accidents, 36 sociétés
d'assurances contre la mortalité du bétail, 22 caisses
de secours mutuels et de retraites pour la vieillesse,
42 sociétés d'Assurances contre l'incendie. En 1901,
282 Syndicats y étaient affiliés ; en 1902, on en
comptait 298 avec 80,000 membres.

(1) *Le Mouvement syndical agricole*, par J.-H. RICARD,
ingénieur agronome. Publication de l'Union centrale des
Syndicats.

Le VIIe congrès national des Syndicats agricoles qui s'est tenu à Nancy, les 7, 8 et 9 juin 1909, sous la présidence de M. Delalande, président de l'*Union centrale*, a montré de nouveau (1) que, comme nous venons de le dire, l'union professionnelle agricole était appelée à devenir un organisme social ; la profession est le lien naturel de l'association syndicale, la commune, le terrain normal de sa fondation ; le syndicat ainsi conçu et ainsi organisé devient un élément d'ordre, de pacification et d'union entre toutes les caisses rurales. Ces syndicats, M. Millerand l'a lui-même reconnu, deviendront le modèle des Syndicats industriels qui en apprendront peut-être à bannir les questions étrangères à la profession ou politiques. Il en est assez d'autres et de plus intéressantes pour occuper les mutualistes et les Syndicats agricoles.

Le Syndicat agricole, qui n'est autre que le groupement professionnel des travailleurs ruraux (2), est donc bien, comme nous l'avons constaté à chaque page de cette étude, une institution de paix sociale, un moyen d'union entre les citoyens et, parmi les services si nombreux qu'il rend aux agriculteurs, il faut placer en tête, au point de vue social, celui qui consiste à développer chez les travailleurs ruraux les notions de prévoyance, d'assistance et de solidarité.

Avant tout, d'après l'opinion des hommes qui ont le plus étudié ces questions, il convient d'assurer les secours en cas de maladie : « Certains économistes,

---

(1) Mutualiste français.
(2) La cellule de l'État réorganisée, ce sera l'association professionnelle (Ch. BENOIST).

« dit M. Mabilleau, Directeur du Musée social, veu-
« lent donner des retraites aux ouvriers de l'agri-
« culture et même aux petits cultivateurs; c'est par-
« fait, mais à condition que la retraite vienne
« seulement après les secours en cas de maladie. Il
« est indispensable de soutenir la famille qui se
« fonde, qui se développe, avant de garantir une
« retraite au vieillard; et l'œuvre des retraites serait
« néfaste, n'hésite pas à ajouter le Directeur du
« Musée social, si elle absorbait toutes les ressour-
« ces disponibles et, notamment, celles qu'exige le
« service des secours en cas de maladie. »

La mutualité agricole, selon l'expression de
M. Mabilleau, représente un arbre puissant dont
les racines sont constituées par les Syndicats. C'est
donc à étendre et à fortifier ces bienfaisantes institutions que nous devons porter tous nos soins, puisque c'est en se servant de ce levier puissant que
donne l'association qu'on peut réaliser d'une manière pratique et efficace cette solidarité humaine
dont on parle tant et qu'on voit si rarement pratiquée.

2° Les droits des Syndicats agricoles

Nous venons de montrer les services immenses
rendus par les Syndicats agricoles et mis en lumière
la parfaite correction dont ces groupements ont toujours fait preuve. Sur ces points, l'opinion est unanime et s'appuie sur l'expérience. Malheureusement,
les opérations commerciales des Syndicats ont in-
quiété et froissé beaucoup d'intérêts, et on s'est

demandé un jour s'ils n'avaient pas violé la loi en s'arrogeant des droits qui ne leur avaient pas été conférés expressément par un texte.

Trois Syndicats de la région de l'Est ont été poursuivis en police correctionnelle, en 1908, pour infraction à la loi du 21 mars 1884. Condamnés en première instance, ils ont fait appel du jugement, et la Cour de Nancy a confirmé, sur la plupart des points, la décision des premiers juges. Le litige ayant été déféré à la Cour de Cassation, ce tribunal a rendu un arrêt dont la doctrine peut se résumer ainsi :

« Les Syndicats agricoles ayant exclusivement « pour objet l'étude et la défense des intérêts profes-« sionnels n'ont pas le droit de participer à des « opérations d'achat ou de vente.

« Exception n'est faite que dans les cas où le Syn-« dicat a reçu commande préalable et se borne à « grouper les ordres de ses adhérents pour les trans-« mettre au commerce. »

La théorie de l'arrêt de la Cour de Cassation est en contradiction absolue avec les pratiques tolérées depuis vingt ans, sans que jamais les Syndicats agricoles aient eu à subir de ce chef ni blâme, ni même avertissement.

Les Syndicats étaient d'autant plus fondés à se croire autorisés à pratiquer les opérations réprouvées par l'arrêt de la Cour de Cassation, qu'un certain nombre de dispositions législatives, votées depuis 1884, reconnaissaient, au moins implicitement, la légitimité de ces opérations.

C'est ainsi que la loi de 1894 sur les Caisses locales de crédit agricole déclare que ces institutions sont fondées pour faciliter et même pour garantir les opérations concernant l'industrie agricole, effectuées non seulement par les agriculteurs syndiqués, mais par les Syndicats eux-mêmes. C'est ainsi encore que la loi du 17 novembre 1897 sur le renouvellement du privilège de la Banque de France autorise celle-ci à escompter le papier des Syndicats. Rappelons enfin que la loi du 19 avril 1905 exonère de la patente les Syndicats se bornant à grouper les commandes de leurs adhérents et à distribuer dans leurs magasins de dépôts les denrées, produits ou marchandises qui ont fait l'objet de ces commandes.

La loi du 21 mars 1884 sur les Syndicats professionnels déclare licites les groupements ayant pour objet l'*étude et la défense des intérêts professionnels.*

Défendre les membres des Syndicats contre la fraude, contre la cherté des objets, sans distinguer entre la nature des marchandises, n'est-ce pas précisément le but des Syndicats, et l'on voit alors toutes les conséquences de cette conception générale : 1° Le Syndicat, en ce qui concerne les achats et les ventes, est assimilé à une véritable coopérative ; 2° Cette coopérative fait les opérations les plus diverses, à la condition d'être utile à ses membres ; 3° On s'inquiète moins de la nature des opérations ou des marchandises que de la qualité du syndiqué, et l'on répute d'avance « agricole » toute vente faite à un agriculteur agrégé au Syndicat.

En un mot, dans les campagnes, on a pensé que la loi de 1884 était une loi de liberté et on l'a partout utilisée, appliquée, interprétée comme une loi de liberté sans distinguer les limites de cette liberté,

sans se préoccuper du caractère juridique des opérations auxquelles les Syndicats se livraient pour
vivre, pour agir, pour faire du bien.

C'est dire que l'arrêt du 25 mai 1908, rendu par la
Cour de Cassation, a produit une vive émotion dans
le monde syndical.

« Les conséquences de cet arrêt, constatait le
« ministre de l'Agriculture, étaient, en effet, des
« plus graves pour les Syndicats agricoles. Ne nous
« le dissimulons pas, la grande majorité d'entre
« eux sont placés hors la loi par la Cour de Cassa-
« tion ; leur existence même est compromise et,
« avec elle, celle de toutes les œuvres de mutualité
« et de coopération issues du Syndicat et basées
« sur le principe désormais immuable de la solida-
« rité. »

Il fallait donc ruiner d'un seul coup toute l'œuvre
agricole syndicale ou bien accorder explicitement
aux Syndicats les droits que la jurisprudence leur
déniait en interprétant le vieux texte de 1884.

Le ministre a proposé d'apporter à la loi certaines modifications. D'autre part, le projet qu'il a
déposé propose de créer, à côté des Syndicats agricoles actuels et complètement en dehors d'eux, des
groupements nouveaux, appelés *Syndicats économiques agricoles*, qui auraient pour unique objet
de servir d'intermédiaires gratuits à leurs membres,
soit pour l'achat en commun des engrais, machines, etc., utiles à l'exercice de la profession agricole, soit pour la vente en commun des produits
récoltés.

Le projet en question a été aussitôt l'objet des
plus vives critiques sur lesquelles nous ne nous

étendrons pas, ce qui nous entraînerait trop loin de notre sujet.

Bornons-nous à dire que l'*Union centrale des Syndicats agricoles*, dans une réunion générale tenue le 20 novembre 1908, a émis un vœu contraire. Le 12 janvier suivant, le Conseil de la Société des Agriculteurs de France a pris dans le même sens une délibération qui a été présentée par une délégation spéciale à la Commission de l'Agriculture et au groupe agricole de la Chambre. Un grand nombre de Syndicats et de Sociétés agricoles ont, depuis lors, donné leur adhésion à ces vœux. Dans une réunion tenue au Musée social, M. Millerand, député, qui s'était déjà prononcé contre le projet du ministre, M. Ruau, lors de l'assemblée de l'*Union Centrale*, a renouvelé et accentué ses critiques.

Enfin, M. de Gailhard-Bancel, alors député, et plusieurs de ses collègues, s'inspirant des *desiderata* formulés par les intéressés, ont déposé une proposition de loi qui, par interprétation de celle de 1884, tend à sanctionner purement et simplement l'état de choses existant depuis vingt-cinq ans. Cette proposition, si elle était adoptée, donnerait pleine satisfaction aux intérêts agricoles.

3. Rôle social du propriétaire rural

Un Syndicat ne se fonde pas tout seul, par un acte de génération spontanée; encore faut-il que quelqu'un en prenne l'initiative. Qui donc la prendra, sinon le propriétaire rural qui, vivant sur son bien, connaissant les besoins et les intérêts des tra-

vailleurs qui l'entourent, jouissant d'une instruction
plus étendue et de relations plus nombreuses —
nous ne parlons pas de la fortune — est plus à même
que quiconque de grouper les éléments du futur
Syndicat ?

Au point de vue social, le propriétaire rural a un
grand rôle à remplir. S'il exploite lui-même son
domaine, il lui faut distribuer du travail aux
ouvriers, diriger ce travail de façon à le rendre
le plus productif possible, enfin assurer leur existence; sans quoi il risquerait de les voir tomber
dans la gêne et la misère et, par suite, en partie à
sa charge, puisque c'est la propriété qui fait les
frais du budget de la commune.

Comme l'a fait remarquer avec raison M. Paul
Roux (1), « c'est donc un des caractères les plus
« remarquables de la propriété privée, d'harmoni-
« ser l'intérêt privé avec l'intérêt général. Celui-ci
« demande que la terre soit exploitée le mieux pos-
« sible afin de nourrir un plus grand nombre d'hom-
« mes et de les nourrir mieux : c'est aussi dans ce
« sens qu'agit l'intérêt du propriétaire (2). »

Le faire-valoir direct est évidemment le système

(1) Le Rôle social du propriétaire rural par M. P. Roux,
mémoire publié par la Société des Agriculteurs de France.
(2) Dans la propriété communautaire, au contraire, il y a
opposition constante de l'intérêt particulier et de l'intérêt
général, puisque chacun est rémunéré également, quels
que soient son habileté ou son labeur. Ce système, cher
aux socialistes, maintient la routine et aboutit à une production très faible, ce qui est évidemment contraire aux
intérêts généraux de la nation et de l'humanité. Aussi les
populations qui ont conservé cette organisation sociale
sont-elles les plus arriérées, les moins actives et les moins
riches.

d'exploitation qui, par lui-même, établit les liens les plus nombreux et les plus forts entre le propriétaire, la terre et les travailleurs. Cependant, tous les propriétaires ne peuvent faire valoir eux-mêmes leurs terres ; les uns sont obligés de se faire suppléer par un régisseur ; d'autres se bornent à fournir le capital et la direction générale, c'est le métayage ; d'autres, enfin, adoptent le fermage, c'est-à-dire abandonnent, moyennant une redevance fixe, la jouissance de leur propriété à un fermier qui conserve tous les profits, mais prend à sa charge tous les soucis et les risques de la culture.

Même dans ce dernier cas, le propriétaire, s'il habite sur place, peut jouer un rôle utile vis-à-vis des ouvriers dont le travail lui profite dans une certaine mesure, avec lesquels il vit en bons termes de voisinage et dont il peut se constituer le soutien naturel en vue de leur éviter le chômage, de diminuer leurs risques d'accidents et de maladies, et de leur faciliter l'épargne. Plus l'ouvrier sera capable et prévoyant, moins il aura besoin d'une aide dans les circonstances imprévues de son existence ; les efforts du propriétaire intelligent doivent donc tendre à rendre inutile son intervention en travaillant à l'éducation de la classe ouvrière.

Les devoirs du riche à l'égard du pauvre ne se résolvent pas seulement par une aumône qui est parfois une nécessité, mais toujours un mal. L'humiliation de celui qui reçoit peut être un ferment de haine ; de plus l'aumône évite l'effort à celui qui la reçoit et ne développe ni son énergie, ni son initiative ; elle est donc déprimante.

A la campagne, du reste, l'assistance par le tra-

vail, supérieure à l'aumône, est bien plus facile.
En revanche, le prêt, avec ou sans intérêt, à long
ou à court terme, sur billet ou sur hypothèque,
n'est pas à conseiller. Comment le propriétaire
pourrait-il faire exécuter un débiteur récalcitrant,
si c'est un de ses ouvriers ou un de ses voisins ?
L'effet produit serait désastreux. Laisserons-nous
cependant dans la gêne un homme qui a besoin de
quelques louis pour acheter une vache ou payer une
dépense urgente ? Non, la caisse rurale peut lui
rendre ce service. Au propriétaire rural de la fonder, de l'organiser, de l'administrer et même de se
porter caution, s'il y a lieu, pour son voisin : « Le
« rôle de la classe dirigeante à notre époque, dit
« avec raison M. P. Roux, est de travailler, par les
« conseils, l'exemple et l'action, à rendre la classe
« ouvrière de plus en plus capable de se suffire à
« elle-même, soit par le perfectionnement intellec-
« tuel ou moral des individus, soit par le dévelop-
« pement des associations de tous genres. »

Il lui faut, selon la belle expérience de Maurice
Barrès, « rappeler tout simplement, dans les sites
« obscurs de province, cette même chanson qui,
« tout le long des siècles, répète éternellement trois,
« quatre idées de religion, d'autorité, de mariage,
« d'épargne et d'héritage... et chante éternellement
« la règle... »

Or, il y a beaucoup à faire dans ce sens. Ces âmes
frustes n'ont plus ni formation ni direction. A
l'école, les paysans entendent des mots, des formules
de morale, *pâles comme des conseils d'hygiène*. A
la caserne, les mêmes formules se délaient en conférences. Et, dans la ville, ce ne sont qu'incitations

à la débauche, au mépris des chefs, à la désertion. « Toutes les rumeurs mauvaises du vent qui souffle, voilà ce qu'ils ont appris ! » De retour au village, ils ne trouvent personne pour raffermir leur sens commun ébranlé. Le curé, suspect et désigné à leur méfiance, ne peut rien pour eux. L'instituteur, étranger au pays, n'a qu'une influence politique ; il n'est d'ailleurs ni leur égal, ni leur ami. Et partout, dans ce tableau, que nous voulons croire plus sombre que nature, le moraliste reconnaît à peine « les « fragments du chef-d'œuvre mutilé, les débris de « cette merveille qu'était, presque partout, le pay- « san français ».

Un des premiers devoirs consistera à combattre l'alcoolisme. Un rapport de M. le Dr Brunon, dans le *Bulletin de la Ligue Rouennaise* contre l'alcoolisme, permet de toucher du doigt le mal.

A X..., il y avait une espèce de cercle formé par les gros bonnets du village : l'instituteur, le cordonnier, trois boulangers, deux bouchers, un cafetier. Un fort entrepositaire « menait le ban ».

La *clique* se réunissait le matin, vers 6 heures et demie, pour prendre le mêlé-cassis. Les premiers arrivés prenaient dix à douze tournées, une à chaque nouvel arrivant. Puis on allait déjeuner chez soi, avec café et cognac toujours.

A 11 heures, c'était l'apéritif : vin blanc, pernod et vermouth mélangés, bitter.

A midi, dîner chez soi, avec café et cognac.

A 4 heures, goûter : une bouteille de vin chacun.

De 6 à 7 heures et demie, partie de dominos avec apéritif.

8 heures, pas d'appétit, coucher.

Des dix ou douze membres de la « clique » sept sont morts. Les autres sont malades. Un seul a retiré son épingle du jeu, c'est de lui que je tiens ces détails. Il n'était pas « averti ». Comme il regrette « les dix années passées à cette vie stupide ! »...

A la suite de cette histoire — qui malheureusement n'est pas un fait isolé — le rapport cite encore *in extenso* une courageuse lettre d'un instituteur ; c'est le tableau le plus éloquent de l'alcoolisme au village, nous n'en citerons que quelques passages.

« Les domestiques de ferme exigent maintenant, au moins une tasse de café par jour dans les exploitations agricoles qui les emploient. Quand il y a un travail supplémentaire, une corvée à faire, ils laissent trop souvent entendre qu'ils désirent, en retour, une tasse de café et surtout deux ou trois petits verres d'alcool.

« A X..., les 3/5 au moins des enfants prennent journellement une ou deux tasses de café et un peu d'alcool... En ce moment, à la campagne, certains domestiques ne peuvent plus passer un mois dans la même maison. Pour le motif le plus futile, ils donnent leurs huit jours et les voilà partis ! Jamais, depuis la féodalité, la France n'a subi une crise manuelle aussi grave...

« A X..., un certain nombre de jeunes filles sont retenues à la maison par leurs familles et font de la confection. Or, dans une journée de 10 heures, elles ne gagnent guère que 1 fr. 25 à 1 fr. 30. Elles s'astreignent à un travail absorbant qui les déforme (machine à coudre) et à un régime des plus défectueux dans lequel le café et l'eau-de-vie entrent pour une large part.

« L'ordre, l'économie, la régularité, font défaut dans la plupart des ménages ouvriers qui ont peine à joindre les deux bouts à la fin de l'année, heureux encore lorsqu'ils ne se sont point endettés. Certaines mères de famille ne veulent plus mettre leurs jeunes filles en service et surtout en faire des domestiques de ferme. On ne veut plus soigner les animaux, on ne veut plus traire les vaches. »

Dans tous les villages de Normandie il en est ainsi ; on ne trouve plus de domestiques pour travailler dans les champs. Quand on en trouve, ils ne font que passer et on ne peut plus se procurer de servantes. Sans les enfants assistés, on se demande comment feraient les cultivateurs de cette région. On en est réduit à employer ici des Belges, ailleurs des Italiens, jusqu'à des Polonais enrôlés au loin.

Nous n'insistons pas sur les conséquences déplorables de l'alcoolisme dont on sait les funestes effets. Quelle prévoyance espérer d'un homme qui dépense, au café, jusqu'au dernier sou provenant de son travail ?

J'emploie souvent un journalier qui est un bon travailleur, mais qui me paraît résumer les défauts de beaucoup de ses confrères. Célibataire, il n'a pas de logement, couche dans les écuries, sur un matelas, s'il en trouve, sinon dans la paille ; allant d'une ferme à l'autre pour fenaison, pour la moisson, en hiver travaillant dans les bois, courageux d'ailleurs, mais n'ayant jamais songé à s'acheter des habits, du linge ou un chapeau. Le samedi soir, quand il a reçu sa semaine, il va s'attabler au cabaret et n'en sort — dans quel état ! — que quand il a tout bu.

La guerre à l'alcool est sans contredit la première chose à laquelle le propriétaire rural devra s'attacher et peut-être la plus difficile. S'il essaie de prendre le taureau par les cornes, il est assuré d'échouer ; il lui faudra des mois et des années pour arriver à un résultat, et il n'y arrivera qu'en procédant adroitement et sans brusquerie ; s'il veut aller trop vite, l'échec est certain.

Mais là ne se bornera pas son rôle ; il lui faut travailler à accroître la valeur professionnelle de l'ouvrier : enseignement agricole, conférences, champs d'expériences, bibliothèques, cercles d'études. Puis, ensuite, tout ce qui contribuera à lui faciliter l'existence : syndicats, sociétés de secours mutuels, caisses d'assurances, de retraites, etc... Étant donné les conditions de la vie rurale, c'est, encore une fois, le Syndicat agricole, ouvert à tous, blancs ou rouges, ouvriers et patrons, qui est la pierre angulaire, le centre autour duquel se grouperont les autres institutions...

« Le syndicat est la plus souple des associations « agricoles, c'est autour de lui que toutes les autres « peuvent et doivent se grouper. Il procure à ses « membres des avantages matériels, il favorise les « progrès techniques et il développe parmi les syn- « diqués le sens social... »

Le propriétaire rural est tout désigné pour prendre l'initiative. Qu'il n'objecte pas son ignorance des détails. Il lui suffira de s'instruire d'abord lui-même, puis de parler autour de lui des bienfaits de l'association, de jeter les premières bases de ces œuvres en s'entourant de deux ou trois cultivateurs intelligents et aisés qui assumeront ensuite la direction,

Évidemment, il faudra se donner un peu de peine, vaincre quelques résistances, mais récolte-t-on sans cultiver la terre avant d'y jeter la semence ?

Le principal mérite du syndicat, nous l'avons dit, est d'être éducatif. L'individualisme est notre défaut principal : or le syndicat, en groupant les paysans, leur donne le sentiment de leur solidarité. De plus, le syndicat est le centre naturel autour duquel s'organisent toutes les autres associations de cultivateurs auxquelles il prête ses locaux et ses cadres : « La vie syndicale dresse le paysan à l'initiative, « elle l'habitue à compter plus sur ses propres « efforts que sur l'aide incertaine et vague de l'État ; « elle lui donne des intérêts publics une idée plus « précise et plus saine. On voit par là quel magni- « fique champ d'activité s'offre au propriétaire rural « qui se consacre à faire éclore et à développer « autour de lui l'esprit d'association et qui con- « tribue, par son zèle, à la prospérité d'un syndicat « local... »

C'est, en résumé, le programme de l'*Union populaire des catholiques allemands* (1) qui conseille de combattre les erreurs révolutionnaires dans les villages au moyen des Syndicats agricoles, des caisses d'épargne et de prêts, des coopératives pour l'achat et la vente, des laiteries, des assurances agricoles, des écoles ménagères ou autres, des soirées récréatives et morales, ou encore, en organisant des petits métiers — sabots, vannerie, — destinés à occuper les longs chômages d'hiver.

Le paysan, si intéressé personnellement, aura

(1) *Réforme sociale*, 16 novembre 1907 et suiv. *L'action sociale à la campagne,* par le Dr W. Houx.

souvent tendance à chercher aux actes des propriétaires des mobiles cachés. Il faut donc user de beaucoup de tact et de patience pour dissiper ces préventions et éviter, d'autre part, un zèle exagéré en réglant sa conduite sur les circonstances.

Aujourd'hui, il est un fait malheureusement certain, c'est que les classes dirigeantes ne dirigent plus la politique ; on peut le regretter, mais le mal sera moins grand pour le pays si elles s'attachent à diriger le travail national. Elles ont perdu l'autorité politique, qu'elles prennent leur revanche sur le terrain social. L'activité publique du propriétaire rural peut largement s'exercer aujourd'hui sur ce terrain en donnant ainsi la preuve de son dévouement désintéressé.

« Ah ! combien ce combat obstiné contre l'indiffé-
« rence, l'ignorance, la méfiance de ses concitoyens
« est digne de celui qui, d'un bout à l'autre de l'an-
« née, lutte contre les éléments de la nature ; qui,
« après l'orage où s'anéantissent ses récoltes, où
« s'écroulent ses espoirs, retourne à ses sillons im-
« passible et sans colère. Ah ! que cet homme-là
« mérite bien son beau titre de paysan... homme du
« pays ! Si la malignité jalouse des villes a pu
« détourner ce mot de sa signification première, les
« Syndicats agricoles doivent tenir à honneur de la
« lui rendre, de restituer ce titre dans toute sa
« beauté à ceux qui entretiennent les sources vitales
« du pays, à ceux qui refusent d'aller sur le pavé
« des villes, grossir les rangs des déracinés, ces
« déserteurs de la charrue, ces peureux du grand
« soleil (1) ! »

(1) *Le mouvement syndical agricole, loc. cit.*

« Est-ce que le paysan n'est pas le vrai Français
« de France? a dit François Coppée. Il a poussé là
« où il se trouve, comme l'arbre du pays, comme ce
« chêne, si c'est en Bretagne, comme cet olivier, si
« c'est en Provence. Des défauts, des misères mo-
« rales, sans doute il en a comme nous tous ; mais
« il conserve plus et mieux que les gens des villes les
« vertus essentielles qui sont la force d'une nation
« et d'une race. Où trouver aussi intacts, en effet,
« l'amour du sol, le sentiment de la famille, le res-
« pect des traditions, l'ardeur au travail, la patience
« à subir l'inévitable loi de la souffrance, le goût
« prudent de l'épargne, le consentement au devoir
« social ? C'est dans la profonde campagne qu'est
« enfoui le trésor de la sagesse du pays.

« Je lui trouve quelque chose d'auguste à cet
« homme, à ce simple, qui fournit depuis tant de
« siècles à la patrie le blé qui la nourrit et les sol-
« dats qui meurent pour elle, et devant cette con-
« stante offrande du pain et du sang, mon imagi-
« nation rêve d'on ne sait quel mystère sacré, d'un
« vague et obscur sacerdoce... »

4° Le rôle social de la femme

Nous venons d'indiquer le rôle social du propriétaire rural, celui de la femme ne sera pas moins
important.

Tout d'abord, le domaine de la charité lui appartient sans partage ; à elle de visiter, de secourir et
de reconforter les malades et les infirmes; à elle de
suppléer les mères, absorbées par leur labeur quo-

tidien, dans la formation morale et religieuse de
leurs enfants, tout cela avec **tact** et **mesure** ; elle
devra faire désirer son concours, mais non l'imposer, car elle manquerait alors son but.

Là ne se borne pas son rôle. Aujourd'hui que les
Syndicats ne sont plus exclusivement absorbés par
la préoccupation matérielle de l'achat des engrais
et autres denrées nécessaires à l'agriculture et que
leur action économique et sociale commence à être
mieux comprise, la place de la femme est marquée
dans ces associations.

Le Syndicat agricole, nous l'avons vu, commence
généralement par s'occuper des animaux (mutualité
contre la mortalité du bétail), mais un moment
viendra où la semence aura levé et où on pourra
parler de Société de secours mutuels, de retraites,
d'assurance. Ce ne sera pas par des lois, par des
obligations légales qu'on arrivera à ce résultat,
mais par l'initiative, le dévouement de citoyens
convaincus et surtout par les femmes.

Deux choses constituent les nations, les mœurs
et les lois. Si les hommes font les lois, les femmes
font les mœurs qui viennent du cœur et se font dans
la famille. Or, une loi n'a de résultat que si elle
s'appuie sur les mœurs. Il ne suffit pas, d'ailleurs,
de créer, si l'œuvre doit être éphémère. Pour produire des effets appréciables, une œuvre doit durer;
or, comme l'a écrit le baron de Hubner, comment
durer si nous n'intéressons pas la femme à nos institutions rurales, si, par elle, nous n'attachons pas
l'enfant à ces institutions ?

Remarquons que le concours de la femme est
acquis d'avance à l'œuvre à laquelle nous la con-

vions ; elle s'intéressera tout naturellement aux
œuvres de prévoyance qui rentrent directement
dans sa mission de charité et son action se montrera particulièrement efficace dans l'organisation
des caisses de secours mutuels et de retraites dont
elle sera bientôt la plus active propagandiste.

Déjà, les efforts tentés dans ce sens ont été cou-
ronnés de succès sur certains points du territoire.
Dans les caisses du Sud-Est, par exemple, la moitié
des participants sont des femmes ou des enfants de
moins de 18 ans.

Nos populations rurales n'ont pas été préparées
par leur éducation et par leurs traditions à la pratique de l'association, elles ignorent les bienfaits de
la mutualité. C'est donc l'enfant qu'il faut former et
entraîner dans la voie généreuse et féconde de la
mutualité professionnelle (1) et c'est la mère qu'il
faut conquérir d'abord pour en faire l'inspiratrice
des œuvres rurales. Rien de plus urgent que cette
vulgarisation des méthodes d'économie domestique
dont la religion forme la base et qui ont déjà tant
fait pour l'harmonie des foyers et le maintien de la
famille en donnant à la femme conscience de ses
aptitudes.

Des œuvres nombreuses se sont fondées depuis
quelques années en vue de favoriser cette action

(1) L'éducation morale d'un peuple doit commencer par
les enfants si on veut qu'elle porte ses fruits : « On ne
saurait, dit La Fontaine, s'accoutumer de trop bonne heure
à la sagesse et à la vertu. Plutôt que d'être réduit à corri-
ger nos habitudes, il faut travailler à les rendre bonnes
pendant qu'elles sont encore indifférentes au bien ou au
mal. »

sociale de la femme et, M. Paul Acker (1) a montré les efforts considérables tentés dans ce sens. C'est l'Union familiale de Mlle Gahéry, les Congrès Jeanne d'Arc, la Ligue des Françaises, l'action sociale de la femme de Mme Chenu (2). La plupart de ces œuvres visent plus particulièrement les villes, comme par exemple la Société l'Aiguille, les Syndicats d'ouvrières de Mlle Rochebillard, à Lyon, etc. ; mais il en est d'autres spécialement créées en vue des campagnes, telle l'œuvre du *Travail au foyer* de Mlle de Marmier.

Nous avons montré l'effrayante proportion qu'atteint le dépeuplement de certaines contrées. On l'évalue, en certains endroits, à 50 o/o. Une des causes de cet exode provient du manque de travail ou de l'insuffisance du salaire de la petite industrie rurale. A ce propos, un seul exemple. Sait-on ce que gagne la sardinière, sur les côtes de Bretagne, pour étêter, cuire et emboîter la sardine ? Trois sous de l'heure ! et ce métier comporte annuellement de nombreux chômages qui réduisent proportionnellement le gain proportionnel d'une ouvrière de 120 à 140 francs par an. Même en Bretagne, où la vie n'est pas chère, on conviendra que c'est insuffisant pour subvenir aux besoins d'une femme seule, ou d'une mère et de ses enfants, et même comme appoint aux ressources de la famille. Comment une femme pourrait-elle vivre dans ces conditions et, à plus forte raison, épargner les quelques francs nécessaires pour faire partie d'une société de secours mutuels ?

(1) *Œuvres sociales de la femme*, Plon, édit., 1908.
(2) Secrétariat, 15, cité du Retiro, Paris.

C'est pour remédier à cette situation, pour améliorer la condition sociale des paysannes françaises, que Mlle de Marmier a fondé, en 1895, l'œuvre du *Travail au foyer dans les communes de France*, dont le nom indique le but et les tendances.

La première année, l'œuvre employa seulement trois jeunes filles qui voulaient quitter leur village ; elles restèrent, et commencèrent à tricoter à la machine des bas que l'on vendit tant bien que mal à la ville voisine.

En 1896, plusieurs autres ouvrières se joignirent à elles, et l'on fabriqua pour 5,000 francs de tricot. Mais les objets fabriqués n'étaient pas d'une vente assez facile pour répondre aux demandes du travail. Il fallait trouver autre chose ; Mlle de Marmier songea à l'industrie dentellière jadis si florissante, qui a été écrasée par la concurrence de la dentelle à la mécanique. La lutte était impossible pour la confection, une machine exécutant en dix minutes un objet qui demanderait parfois 2 ou 3 semaines de travail à une ouvrière exercée, il fallait donc remettre à la mode la dentelle à la main. Pour cela, Mlle de Marmier fit appel à quelques femmes du monde ; puis elle s'occupa de former des ouvrières.

Dix centres syndicaux se formèrent dans certains départements (1). Un an après, en 1897, l'œuvre employait 50 ouvrières.

En 1899, elle en occupait	100	et faisait	12,000 francs d'affaires.
1900 —	200	—	19,000 —
1901 —	400	—	52,000 —

(1) Il en existe maintenant une cinquantaine, disséminés dans 35 départements.

1902	—	1,000	—	122,000	—
1903	—	2,000	—	200,000	—
1904	—	2,500	—	225,000	—
1905	—	3,500	—	250,000	—

Ainsi donc, plus de 3,500 ouvrières, réparties dans 40 départements, ont un gagne-pain assuré avec un salaire moyen relevé de 1 fr. 25 à 2 francs par jour, et cela grâce à l'intelligente initiative d'une femme de cœur.

Mlle de Marmier ne s'en est pas tenu .a. En constatant chaque année l'augmentation des sommes réparties dans chaque village, elle a pensé qu'il était nécessaire de montrer aux ouvrières les avantages d'une économie raisonnée. La vie de chaque jour n'est pas la seule à assurer, il faut encore songer à l'avenir, à la vieillesse où le travail devient impossible, à la maladie, au chômage, à l'accroissement de famille, etc. Dès 1901, fut fondé un Syndicat pour les ouvrières avec Société de Secours mutuels et une caisse annexe d'Encouragement à l'Épargne. C'est ainsi que l'œuvre peut, chaque année, distribuer parmi les ouvrières 5 à 6 dots, verser pour elles une petite somme sur des livrets de retraite pour la vieillesse, ou payer 25 ou 30 francs de médicaments, ou encore, assurer 0 fr. 50 de salaire journalier aux ouvrières que la maladie réduit au chômage.

Voilà les résultats obtenus en dix ans (1).

Donner des secours en espèces, réconforter moralement n'est pas tout ; donner du travail aux bonnes

(1) Le siège de l'œuvre du *Travail au foyer* est 13, rue Pasquier, à Paris.

volontés qui s'offrent, c'est réveiller l'énergie nationale, c'est permettre, du même coup, la création et le développement des œuvres de prévoyance.

Une autre œuvre du plus haut intérêt pour les campagnes, c'est l'*Union mutualiste des femmes de France* (1) dont la présidente est Mme la comtesse de Kersaint, la vice-présidente Mme G. Goyau et la trésorière Mme Kergall, association de personnes qui s'intéressent à la mutualité. Un Comité consultatif dont font partie MM. Denys Cochin, Ch. Benoist, E. Cheysson, L. Milcent, G. Picot, de Contenson, Dédé, etc., tous les hommes, en un mot, les plus compétents en matière de mutualité, assure la direction de l'union. En 1905, elle a créé 75 mutualités; en 1906, elle a mis sur pied environ 180 projets.

L'Union centrale mutualiste s'attache principalement à créer des Sociétés de secours mutuels par profession et à y comprendre des familles entières, si possible. Là est, en effet, l'objectif.

Sait-on que, sur 36,000 communes de notre pays, 25 à 30,000 ignorent encore la mutualité ? On voit que le champ est vaste.

« Il faut, a dit M. Cheysson, aller trouver les femmes des paysans, leur expliquer ce mécanisme qu'elles ignorent, ainsi que les bienfaits qu'elles pourront en retirer, leur montrer à quel point leur situation sera transformée le jour où, malades, les membres de la famille seront soignés, où le vieillard aura une retraite, où la veuve et les orphelins du père enlevé prématurément toucheront une petite rente ou plutôt un capital pour franchir

(1) Boulevard de Latour-Maubourg, 1, à Paris.

cette crise. C'est la femme qu'il faut convaincre, car c'est elle qui tient la bourse du ménage, elle qui fait les économies sur lesquelles on devra prélever les cotisations ; au fond, c'est d'elle que dépend le sort de la campagne faite en faveur de la mutualité. Et c'est pourquoi nous avons besoin de vous, Mesdames, pour obtenir leur adhésion que les hommes ne suffiraient pas à gagner... (1). »

Il serait injuste de ne pas mentionner les services rendus à cette œuvre de propagande et d'organisation par la *Société des Agriculteurs de France* (2). Cette importante Société a constitué depuis plusieurs années un bureau de la mutualité agricole qui a pour but :

1° De provoquer la création de toutes les formes d'institutions mutuelles : Sociétés de secours mutuels et de retraite, caisses de Crédit agricole, de prévoyance contre la mortalité du bétail, d'assurance contre l'incendie et contre les accidents ;

2° De grouper ces institutions dans des Unions centrales qui leur donnent la direction, l'appui, la solidité nécessaires.

A cet effet, le Service de la Mutualité tient à la disposition de tous ceux qui lui en font la demande, des documents très complets sur ces différentes institutions (brochures de propagande, statuts, pièces diverses pour le fonctionnement).

Il guide les promoteurs, examine les statuts qu'on lui soumet, s'efforce de résoudre les difficultés qui

---

(1) Discours de M. Cheysson, membre de l'Institut, au V⁰ Congrès national des Syndicats Agricoles à Périgueux (1905).

(2) Paris, 8, rue d'Athènes.

peuvent venir de l'Administration, procure des con-
férenciers aux groupements agricoles qui veulent
lancer les idées ou créer les œuvres dont il s'occupe.

5° Écoles ménagères

Combien de paysannes ne connaissent pas leur
métier de ménagères, ne savent pas faire la cuisine,
ignorent les principes élémentaires de l'hygiène et
soignent mal leurs enfants! Chose bizarre, on ne
s'est avisé de cette lacune dans l'éducation des femmes que depuis quelques années, de là le mouvement
général qui se produit en faveur de l'enseignement
ménager.

La femme du propriétaire ne peut évidemment
assumer elle-même la charge de cet enseignement
professionnel ; elle peut, du moins, prendre l'initiative de sa création et veiller à son bon fonctionnement.

Qui dit bonne ménagère dit femme prévoyante,
économe et soigneuse ; or on n'acquiert pas toutes
ces qualités en un jour et sans études.

L'enseignement ménager peut être organisé de
façon diverse à la campagne, comme complément
d'études, la dernière année de classe, ou encore s'ad-
joindre à un patronage, à une école libre ; les cours
ambulants sont à recommander pour les villages où
une École fixe n'aurait pas chance de grouper suffisamment d'élèves (1). Dans une Étude sur l'*Ensei-*

(1) L'Institut normal de M⁰ᵉ de Diesbach, avenue de Bre-
teuil et l'École normale ménagère de Mⁿᵉ Decaux, rue de
l'Abbaye, commencent à fournir des maîtresses qui n'exis-

ignement ménager et la lutte contre l'alcoolisme,
M. Cheysson énumère les causes qui poussent
un homme au cabaret et vis-à-vis desquelles la
femme joue, suivant ses qualités ou ses défauts
de ménagère, le rôle de frein ou celui d'aiguil-
lon : « La première de ces causes, dit-il, et sans
« doute la plus décisive, est la mauvaise tenue du
« ménage... » Si, après son travail, il rentre dans
« un logis infect et puant... où rien n'est à sa place,
« où les enfants, aux joues et aux mains sales, aux
« cheveux en broussaille, aux vêtements sordides
« et en loques, crient et s'ébattent au milieu de
« détritus qui jonchent le sol, où sa femme dépenail-
« lée le reçoit avec des paroles amères, le pauvre
« homme ne voit qu'un parti à prendre, c'est de cou-
« rir au plus vite au cabaret, pour fuir ce taudis
« plein de misère et de tristesse, qui n'est pas plus
« le logement familial qu'un haillon n'est un vête-
« ment... La femme fait encore le jeu du cabaret,
« quand elle sert à son mari une cuisine insuffisante,
« épicée, mal préparée, indigeste. Se sentant l'esto-
« mac délabré, il s'imagine que l'alcool va lui pro-
« curer ce supplément de force et de chaleur que lui
« refuse la cuisine conjugale... »

Conclusion : pour qu'une famille soit unie, pour
que tous ses membres reçoivent ce dont ils ont
besoin et pour que le père résiste avec plus d'énergie aux tentations de l'alcoolisme sous ses diverses
formes, il est indispensable que la mère ait reçu une

taient pas, il y a quelques années. On a dû aller chercher
les premières en Belgique ou en Suisse, pays qui nous
avaient précédés dans la voie de l'enseignement ménager.
Mentionnons encore l'*Œuvre du foyer* de M⁻ᵉ Thome.

bonne éducation ménagère et qu'elle sache faire du foyer un centre attractif.

Mme Ruchet, présidente de la Commission fédérale suisse contre la tuberculose, a établi, lors du Congrès international de Fribourg (1908), le rôle capital de l'enseignement ménager dans la lutte contre la tuberculose. La cause du mal est l'infection, et, pour la combattre, il faut s'appliquer, par le respect des règles de l'hygiène, à rendre l'individu sain résistant à la maladie et à empêcher l'individu malade d'être une source de contagion pour ceux qui l'entourent. Alimentation rationnelle, air et lumière, grande propreté, voilà les moyens d'enrayer les progrès de la tuberculose.

C'est à la femme, à la ménagère qu'incombe la mission de mettre en pratique dans son foyer les principes de salubrité que la science enseigne, et c'est l'enseignement ménager qui apprendra à la jeune fille l'importance de l'hygiène de l'habitation et les principes de l'alimentation rationnelle.

« Il ne suffit pas, écrit Mme Ruchet, que la future « ménagère sache plus ou moins bien apprêter les « aliments; elle doit aussi en connaître la valeur « nutritive; il importe qu'elle sache dans quelle « mesure ils sont réparateurs des forces et quel est « leur rendement en regard de la cherté des vivres. « Il ne s'agit nullement de faire de la jeune fille une « femme savante qui jongle avec les mots de « calo- « ries, albumine, matières grasses et matières « hydrocarbonées »; cependant elle doit savoir que « ces choses-là existent et sont absolument indis- « pensables au corps humain... Depuis longtemps on « pratique cette alimentation à l'égard des animaux

« en calculant de très près la quantité et la qualité
« de nourriture qui équivalent à leur travail... Pour-
« quoi ne voucrait-on pas autant de sollicitude à
« l'alimentation du travailleur humain ? »

La diffusion de la science ménagère serait aussi
éminemment efficace contre la mortalité infantile,
cet autre fléau qui désole nos pays. Sur 1,000 enfants, il en meurt en moyenne 162, en France,
pendant la première année, souvent par suite de
l'ignorance ou de l'imprudence de la jeune mère.
C'est à l'École ménagère que la future mère peut
apprendre ces notions d'hygiène féminine et infantile dont la méconnaissance décime les nouveaux-
nés.

Une dernière remarque : les Écoles ménagères
rurales pourront exercer une influence considérable
contre l'exode des campagnes. Lorsqu'on aura
donné aux jeunes filles de nos villages l'amour de
la terre et qu'on les aura mises en garde contre les
illusions décevantes de la ville, lorsque les jeunes
gens, ouvriers agricoles, fermiers ou propriétaires,
trouveront des femmes ayant le goût de l'agriculture
et disposées à partager leurs travaux, garçons et
filles seront moins empressés à quitter leur village.

Les Belges, qui nous ont précédés dans l'organisation de l'Enseignement ménager, ne se contentent
même pas de donner à la jeunesse des campagnes
une solide formation professionnelle ; ils entendent
que les jeunes fermières puissent rafraîchir leurs
connaissances acquises et se tenir au courant des
nouveaux procédés.

M. Paul de Vuyst, inspecteur principal de l'agriculture en Belgique, réclame (1), pour arriver à ce résultat, la création d'associations permanentes entre les anciennes élèves des Écoles ménagères et les fermières, qui permettraient de multiplier des conférences publiques, de créer des bibliothèques, d'organiser des concours. Quelques-uns de ces cercles ont déjà été créés en Belgique où on en comptait 6 au commencement de 1906 et 27 à la fin de l'année, comptant ensemble plus de 2,000 membres. Les anciennes élèves des Écoles ménagères forment naturellement le premier noyau de l'association et auront vite fait de recruter elles-mêmes leurs amies et connaissances qui n'ont pu, comme elles, jouir d'un enseignement régulier, mais qui sont désireuses de se perfectionner aussi dans leur état.

A ceux qui diront que les fermières sont incapables de s'associer dans un but de perfectionnement mutuel et de relèvement social, on pourra répondre que de simples ouvrières ont fondé entre elles des Unions professionnelles, que des ligues exclusivement féminines existent, nombreuses, ayant pour objet l'étude des questions sociales et professionnelles et que les fermières ne sont pas moins intelligentes ni moins instruites que les autres femmes.

Si l'on a réussi à organiser d'utiles réunions de cultivateurs, pourquoi ne réussirait-on pas également avec leurs femmes ? D'ailleurs, l'expérience faite au Canada a été absolument concluante ; en moins de 8 ans, dans une seule province, il s'est fondé 277 Cercles de district et de section admirablement prospères, et les Rapports constatent que

(1) *Le rôle social de la fermière.*

ces Associations ont apaisé bien des discussions, bien des préventions dans un pays où les sectes sont nombreuses.

Que de sujets intéressants à étudier et à traiter ! Questions d'hygiène, d'éducation des enfants, de cuisine, d'ameublement, d'habillement, de constructions rurales, d'hygiène des étables, de comptabilité, d'horticulture, de floriculture, d'arboriculture, de culture maraîchère, d'aviculture, de mutualité, de prévoyance, etc.

Les réunions n'ont pas besoin, d'ailleurs, d'être très fréquentes, deux ou trois par an suffiront ; gageons que, si les conférences sont accompagnées de projections, elles ne manqueront pas d'attirer promptement de nouvelles adhésions, surtout si on peut les compléter par quelques distributions de graines, de livres ou de brochures utiles.

Pourquoi n'essaierait-on pas de faire en France ce qu'on commence à faire en Belgique et ce qui réussit au Canada, des Cercles de fermières ? Quel est le Comice agricole ou le Syndicat qui, au début du moins, à défaut de ressources propres au Cercle — et ses dépenses seront bien minimes — hésiterait à intervenir par un faible subside, pour encourager une œuvre sociale dont la portée peut être considérable ?

Le rôle social du Clergé

Nous avons montré l'influence salutaire que la femme peut et doit exercer autour d'elle, voici que le clergé commence à comprendre, lui aussi, l'importance des œuvres sociales au point de vue religieux.

« Guider les âmes dans la voie du salut éternel
« par un peu de bien-être matériel me parut, écrit
« l'un d'eux, réaliser la parole de saint Jean : « Il
« faut aimer en actions et non pas seulement en
« paroles. »

M. l'abbé Plantecoste, curé d'Arches, a exposé
dans une petite brochure (1), comment il fut amené
peu à peu à s'occuper, dans sa paroisse, d'œuvres
sociales auxquelles il ne prêtait tout d'abord qu'une
attention médiocre parce qu'il ne voyait en elles
aucun rapport, même indirect, avec son ministère.

Ce fut tout d'abord un patronage bien modeste,
composé de plusieurs enfants, puis la réunion
s'étend et on jette les bases d'un Cercle d'Études, où
l'Agriculture tient sa place. « Le Cercle d'Études
« rapproche les hommes, mêle leurs connaissances
« et un peu leurs intérêts. De plus, il affermit leurs
« convictions, leur donne conscience de leurs droits
« et de leurs responsabilités. » Bientôt, on constitue
un syndicat, bien modeste d'abord, puisqu'il ne
comptait guère que 20 adhérents. On achète en
commun des aliments pour le bétail, des instruments, puis des engrais, malgré une opposition per-
sistante. M. l'abbé Plantecoste n'hésita pas à payer
de sa personne : « Convaincre le paysan par ses dis-
« cours, dit-il, est chose bien difficile ; j'eus l'idée
« de recourir à une preuve palpable et décidai d'éta-
« blir un champ d'expériences pour démontrer aux

(1) *Œuvres sociales au village*, publication de *l'Action
populaire*, Reims, 48, rue de Venise. Prix : 0 fr. 25.

« plus réfractaires les progrès de l'Agriculture. »

Il choisit le terrain le plus ingrat et prit part lui-même au défoncement du sol, voulant en cela donner l'exemple du travail, mettre en pratique le mot du Créateur : « Tu mangeras ton pain à la sueur de « ton front » et faire revivre dans les âmes la grande leçon de Notre-Seigneur travaillant pendant trente ans dans l'atelier de saint Joseph.

Les essais réussirent, et M. l'abbé Plantecoste montre la portée sociale considérable de sa tentative. « Les agriculteurs, dit-il, sont fiers de leurs « résultats, voient augmenter leurs revenus et se « prennent, sans s'en douter, à aimer davantage le « sol natal, et trouvent leur bonheur à y puiser les « trésors que la divine Providence y a placés... « C'était comme un principe généralement admis « que, pour avoir quelque tranquillité et quelques « ressources, il fallait abandonner le travail de la « terre et aller chercher fortune dans les grands « centres, où la plupart rencontrent une situation « plutôt médiocre et souvent malheureuse, et cela « au grand détriment de leurs qualités morales et « religieuses.

« En réalité, l'Auvergnat aime son pays, se plaît « dans son foyer s'il puise une modeste aisance dans « la culture de son patrimoine. Seconder, favoriser « ce sentiment naturel est faire œuvre sociale et « religieuse. Personne ne l'ignore, l'esprit de famille « s'affaiblit et s'émiette si les membres vivent « dispersés. Quiconque fait connaître les progrès « agricoles qui permettent de tirer du sol les res- « sources nécessaires à chaque foyer, travaille à la « stabilité de la famille,

« Au point de vue religieux, l'homme des champs
« sera moins en contact avec une société souvent
« dangereuse pour sa foi. D'autre part, tel qui n'au-
« rait pas écouté l'explication de la religion, appré-
« cie les services matériels du prêtre, se sent plus à
« l'aise pour l'approcher, lui parler de matières
« qu'il connaît aussi bien que lui. Les rapports
« deviennent plus faciles, le cultivateur donne volon-
« tiers sa confiance, souvent son amitié, à l'homme
« de Dieu, et ne tarde pas à mieux comprendre sa
« mission surnaturelle... »

On ne saurait résumer d'une manière plus simple
et plus vraie les résultats de l'action qui peut être
exercée par le clergé dans les campagnes.

La foi religieuse ayant disparu chez beaucoup de
ces pauvres gens, ils n'espèrent plus en la compensation d'une vie future et il leur semble tout naturel
d'épargner aux êtres à venir les misères dont leur
propre vie leur semble uniquement composée.
« Assez de malheureux ! » disent-ils. Et l'on déplore
la dépopulation de notre pauvre pays !

Reconstituer, fortifier la famille, voilà, selon le
grand économiste Le Play, le remède le plus efficace. Prenez en effet un enfant qui aura vécu dans
un régime familial désorganisé ; ayant cruellement
fait l'expérience de cette désorganisation, il sera
plus tard fort peu disposé à risquer de pareilles responsabilités, et six fois sur dix il ne les assumera
pas ; mal éduqué, du reste, il y a fort peu de chances
pour qu'il ait les vertus indispensables à la fondation d'un foyer et à sa direction. S'il le fonde, il le
fondera mal, et nous voilà alors dans un cercle
vicieux ; on ne sait pas diriger son foyer, on ne sait

pas utiliser ses ressources, les adapter à ses nécessités vitales, on les disperse à contresens et finalement on sacrifie les devoirs aux plaisirs et, l'enfant
constituant le principal de ces devoirs, on l'évite.

Qui pourrait contester que le prêtre ait la mission de combattre ces tendances funestes qui désa-
grègent aujourd'hui, dans sa source même, la famille ?

*
* *

Nous avons montré à diverses reprises comment
le Syndicat agricole constituait, à vrai dire, l'em-
bryon de tous les progrès. M. le curé d'Arches en
apporte une preuve nouvelle, en expliquant comment on parvient ensuite à constituer une caisse
rurale, suivant le système Raiffeisen Durand. La
nouvelle caisse commença ses opérations avec un
passif de 45 francs ; quelques mois après, elle ren-
dait à ses membres — emprunteurs ou prêteurs —
des services appréciés ; puis ce fut le tour d'une laiterie. Mais Paris n'a pas été bâti en un jour, et les
cultivateurs ne voulurent pas entendre parler d'une
laiterie coopérative ; il fallait procéder par étapes,
et M. l'abbé Plantecoste dut se contenter de fonder
une laiterie qui achète le lait, l'exploite pour le
mieux et en a la responsabilité et les bénéfices. Il
est vraisemblable que, plus tard, quand les intéressés auront constaté le succès de l'entreprise, ils se
rendront compte qu'ils auraient plus de profits si,
au lieu de laisser le bénéfice à la Laiterie, ils trai-
taient eux-mêmes leur lait au moyen d'une coopérative.

M. l'abbé Plantecoste, engagé dans une si belle

voie, ne pouvait s'arrêter en chemin ; pour empêcher l'émigration, il songea à établir, pendant les jours d'hiver, le travail à domicile pour les deux sexes, vannerie pour les hommes, broderie sur filet et crochet pour les femmes et les jeunes filles (1). Son initiative n'est plus isolée aujourd'hui ; il a fait des adeptes qui marchent de l'avant et n'hésitent pas à proposer de nouvelles œuvres, des mutuelles contre la mortalité du bétail, l'incendie, la maladie ; les retraites viendront plus tard.

Voilà, pris sur le fait, un exemple du rôle que peut jouer le clergé dans les communes rurales. Certes, le prêtre qui entreprend une tâche semblable peut s'attendre à des ennuis, à des déboires. Qu'importe, répond M. le curé d'Arches : « Que faisait « Notre-Seigneur au milieu des foules ? Il les nour- « rissait, les guérissait, les instruisait en les conso- « lant et, de mille manières, leur témoignait son « affection. Le père et la mère ont des soucis aussi, « vont-ils se plaindre de ce que leurs enfants cher- « chent chez eux, et non ailleurs, aide et protection? « Cet apostolat donne du travail et des soucis. C'est « compris, mais il contribue à régénérer les âmes « dans le Christ, et celui qui l'accomplit goûte la joie « des heureux et ressent la consolation ineffable de « voir pleurer de bonheur celui qui, la veille, se tor- « dait de désespoir... »

(1) On sait la belle campagne entreprise avec succès en Irlande par sir Horace Plunkett, pour développer les travaux de broderie et de fabrication de la dentelle, et nous avons parlé plus haut de l'œuvre de Mlle de Marmier, « Le travail au foyer », dont le but est de maintenir la femme au foyer pour y remplir son rôle de mère et d'épouse et y fortifier la famille.

L'exemple de M. le curé d'Arches est suivi dans beaucoup de contrées ; il est assailli de demandes de renseignements de confrères désireux d'assurer à leurs paroisses les avantages réalisés par ses œuvres sociales. On ne peut que se réjouir de ce mouvement, puisque toutes ces œuvres ne peuvent que s'entr'aider les unes les autres, et contribuer ainsi, chacune dans leur petite sphère, lentement, mais sûrement, à la régénération sociale et religieuse de la patrie.

Comme l'a observé avec raison M. de Mun, lorsqu'en 1879 la guerre religieuse déclarée par Gambetta, ouverte par Jules Ferry, vint couper en deux la France, il fallut d'abord courir au feu, l'action sociale des catholiques s'en trouva ralentie, mais, malgré tout, depuis 30 ans, on a vu dans notre pays une magnifique floraison d'œuvres populaires créées par les catholiques, un admirable mouvement d'idées et d'institutions sociales, déterminé par leur initiative. Cet effort fut insuffisant, soit, mais voici que la loi de séparation est venue modifier profondément la situation. La masse catholique et le clergé sont aujourd'hui, malgré eux, jetés dans la mêlée sociale.

Entendons-nous bien. Il n'est pas question de faire du curé, comme le craignait Napoléon Ier, « à la fois « un administrateur des secours spirituels, un juge « de paix bénévole, un professeur d'Agriculture et « un officier de santé ». C'est peut-être là le rôle d'un missionnaire ; celui du prêtre dans nos villages ne saurait être tout à fait le même, cependant, il s'en rapproche par certains côtés. Certes, il faut beaucoup de tact, de mesure ; mais ici, comme dans la brousse, le prêtre doit vivre de la vie de ceux qu'il veut gagner ; il lui faut ouvrir toutes grandes les fenêtres du presbytère et ne plus s'isoler dans sa sacristie.

Le Pape Léon XIII, dans son Encyclique *sur la condition des ouvriers*, a proclamé l'existence de la question sociale, la nécessité de rétablir sur les bases méconnues de la justice chrétienne les rapports des patrons et des ouvriers, et il a levé les barrières qui pouvaient empêcher les masses populaires catholiques de se mêler au vaste mouvement qui entraîne la démocratie de tous les pays.

Il faut voir *peuple*, écrivait jadis M. Raoul Duval. Jamais mot n'a été plus juste que lorsqu'il s'agit d'œuvres populaires de prévoyance.

Sans doute, il y a des pays ingrats, mais a-t-on sérieusement tenté d'y jeter la semence ? « C'est « l'expérience de tous ceux qui se sont occupés des « œuvres sociales, a dit M. de Mun, que jamais les « concours populaires ne leur ont fait défaut. »

II

Lacunes. — Améliorations désirables

1º Critiques adressées à la Mutualité française. — 2º Améliorations et modifications à apporter dans l'organisation actuelle des Sociétés de Secours mutuels. — Le Congrès de Nancy. — Conclusion.

Lacunes

Nous voici arrivé au terme de cette étude.

Nous ne saurions, malheureusement pas plus que
les hommes éminents qui ont étudié ces questions
avant nous, indiquer de remèdes infaillibles pour pré-
venir la misère des travailleurs ruraux : « Il n'y a pas,
« en matière sociale, de pilules magiques guérissant à
« coup sûr tous les maux. Nos misères sont la résul-
« tante très complexe de causes infiniment nombreu-
« ses. Leur médication ne peut être simple, ni leur
« remède unique, mais elle doit avoir la même
« complexité que les causes dont elles émanent. Il
« faut donc se défier des marchands d'orviétan qui
« résolvent en un tour de main la question sociale par
« un procédé de leur façon et, généralement, par
« quelques lignes de loi ou de décret (1)... »

S'il n'y a pas de remède unique, il y a des palliatifs
nombreux qui, comme nous l'avons vu, procèdent

(1) CHEYSSON : *Réforme sociale* du 16 novembre 1908.

surtout de l'initiative privée. Enfin, le travailleur
doit, lui aussi, faire un effort et l'association lui
fournit un instrument puissant.

Nous avons montré ce qui avait été fait, et la conclusion se dégage d'elle-même ; il reste à développer
les œuvres de prévoyance aujourd'hui existantes,
œuvres qui affectent les formes les plus diverses et
qui semblent répondre à tous les besoins.

Jamais on ne s'est plus occupé des travailleurs
qu'à notre époque, et ce sera l'honneur de ce siècle ;
mais encore faut-il prendre garde de tomber dans
l'excès contraire, de dépasser la mesure à force de
prêcher et de subventionner l'esprit de prévoyance
et d'épargne. N'est-ce pas, parfois, pour faire plus
d'économies que les Français réduisent le nombre
de leurs enfants ? Le résultat serait que ces milliards où nous mettons toutes nos complaisances
manqueraient bientôt de défenseurs. Gardons-nous
d'autre part, écrit M. Maurice Beaufreton, de multiplier inconsidérément des œuvres dont le caractère devrait demeurer exceptionnel et provisoire :
« Tel me paraît être spécialement le danger en ce
« qui concerne l'enfance : à peine né le petit être,
« les parents peuvent le placer à la Crèche ; dès qu'il
« en sort, l'École maternelle s'ouvre, et la Caisse
« des Écoles, sorte de Providence impersonnelle et
« bourgeoise, pourvoit à ses vêtements, à ses repas,
« à ses fournitures scolaires ; l'École primaire vient
« ensuite, continuant ses largesses ; et, de peur que,
« les jours de congé ou de vacances, l'enfant ne soit
« encore une charge pour ses auteurs, on organise
« des patronages, des classes de garde, des colonies
« de vacances, tout un réseau serré d'institutions

« dont aucune en soi n'est inutile, mais qui, mises
« en jeu mal à propos, en faveur de familles qui
« auraient pu et dû s'occuper elles-mêmes de leurs
« enfants, ne peuvent qu'anémier leurs énergies et
« déprimer leurs caractères. A semer ainsi les lar-
« gesses, on peut peut-être façonner la plèbe inerte
« et veule, qui se borne à réclamer du pain et des
« jeux de cirque ; on ne rend pas un peuple digne
« de sa liberté. On donne à la France une généra-
« tion de mendiants quand elle réclame une levée
« de citoyens. »

L'abus de l'assistance présente, en effet, de réels
dangers sur lesquels les économistes ont appelé
depuis longtemps l'attention.

Si l'ouvrier rural n'a pas eu la prévoyance ou la
possibilité d'assurer ses vieux jours contre la maladie, s'il n'a aucune ressource et si ses enfants sont
dans l'impossibilité de lui venir en aide, alors la
question change d'aspect : « L'aumône, a dit Bour-
« daloue, est une dette pour le riche. » La science
sociale dit : assistance, mais le geste est le même,
avec cette différence que l'aumône est volontaire, et
l'assistance obligatoire depuis 1905.

Tout en rendant hommage au sentiment humanitaire qui a inspiré cette loi, on peut se demander si
le législateur n'a pas fait fausse route (1).

Déjà, la loi du 15 juillet 1893 sur l'assistance médicale et gratuite (2) a compromis le recrutement des

(1) La loi du 14 juillet 1905 a coûté 75 millions, en 1908, pour
400,000 assistés. On sait les abus auxquels elle donne lieu,
abus qu'il sera bien difficile d'éviter complètement.

(2) Coût, 8,500,000 francs cinq ans après le vote de cette
loi qui nécessita le vote de nombreux centimes addition-
nels et imposa de nouvelles charges à la propriété foncière.

Sociétés mutuelles assurant le secours en cas de maladie; ce sont les plus nombreuses. La loi du 14 juillet 1905 sur l'assistance obligatoire aux vieillards, aux infirmes et aux incurables détourne de même, des Sociétés de Secours mutuels, de celles qui assurent contre la vieillesse et l'invalidité, bon nombre de membres.

L'organisation générale d'un système de retraites ouvrières *obligatoires* est encore plus redoutable pour la liberté de prévoyance. En obligeant les ouvriers à verser des cotisations pour la retraite, on leur ôte, en effet, la possibilité de continuer leurs versements aux Sociétés de Secours mutuels.

Mais les Sociétés de Secours mutuels, qui constituent les Institutions de prévoyance les plus efficaces, sont-elles en mesure de répondre à ce que nous attendons d'elles ?

1. — Critiques adressées à la mutualité française

Faisant ici œuvre de libre discussion, nous n'avons pas à cacher les critiques qui ont été adressées à notre mutualité de prévoyance, telle qu'elle fonctionne aujourd'hui.

Ces critiques se classent sous quatre chefs : 1° les sociétés sont trop peu nombreuses; 2° les cotisations sont trop peu élevées ; 3° la présence de membres honoraires ne se conçoit guère dans une Société qui prétend ne faire appel qu'au seul esprit de prévoyance; 4° pour la même raison, et lorsque l'on prône si hautement la supériorité de la prévoyance

libre sur l'assistance légale, il ne faudrait point
faire appel si naturellement aux subventions de
l'État et avoir tant d'attaches avec le pouvoir.

Un livre récent de M. Weber, *A travers la Mutualité*, contient un Exposé de ces quatre chefs de critique. M. Deschanel, dans un grand discours prononcé
à Nancy, y a fait allusion. Avant de citer ses paroles, résumons d'abord les arguments de M. Weber.

Nos sociétés sont trop petites.

On peut discuter sur les statistiques; il reste que
leur effectif moyen est de moins de 100 membres.
De sociétés vraiment nombreuses, allant de 1.000
jusqu'à 70.000 membres, dit M. Weber, nous en
avons compté 293, dont 97 pour le département de
la Seine, 27 pour le département du Nord. Mais
celles-ci comprennent les Fédérations de Sociétés,
une notable partie des Caisses de Retraites et, enfin,
quelques Sociétés tontinières ou de capitalisation ou
bien d'assurance au décès qui se font approuver,
mais qui n'entrent pas logiquement dans le cadre
des Sociétés de Secours.

Il résulte, en fin d'analyse, qu'en France une
Société de Secours mutuels qui a réuni 60 intéressés
est dans les conditions de nombre les plus ordi-
naires, les plus fréquentes. Mais, dira-t-on, le nombre des adhérents augmente d'année en année et les
Sociétés ne demeureront certainement pas dans
cette pénurie qui les condamne à végéter ? Rien
n'est moins sûr.

Et M. Weber essaie de démontrer que le nombre
des Sociétés augmente, proportionnellement, beaucoup plus vite que le nombre des participants par

Société. Autrement dit, le mouvement mutualiste gagne plus en surface qu'en profondeur. Un mutualiste convaincu, M. Arboux, reconnaissait même « qu'il était malaisé de savoir quel est exactement « le nombre de Sociétés qui demeurent et de celles « qui disparaissent, parmi les groupements divers « dont on annonce chaque année la formation ».

Eh bien, faut-il le dire, nous ne sommes qu'à demi étonnés de ces constatations et nous n'en concevons nul découragement. La très active propagande faite en faveur de la Mutualité crée, comme on le voit, une véritable éclosion de Sociétés nouvelles, auxquelles manquent souvent les dirigeants compétents et tenaces qu'il faut aux œuvres où un long et persévérant effort est nécessaire. Mais il se forme aussi une élite de ces dirigeants, en même temps que la connaissance réelle des immenses avantages de la mutualité gagne chaque jour du terrain. Elle est pour l'heure dans une phase de pleine croissance. Ne craignez rien des élagages qui se font naturellement.

D'autre part, il faut considérer aussi que la commune est l'habitacle naturel de la Société de Secours mutuels, et nos 36,000 communes sont, pour l'immense majorité, des habitacles bien petits. Ainsi, la Mutualité souffre de notre organisation communale : elle n'est point seule, du reste, à pâtir d'un état de choses que l'on ne semble guère disposé à changer. Le canton lui serait autrement favorable s'il acquérait la personnalité administrative.

Passons maintenant à la cotisation. Le secours contre la maladie coûte déjà 16 francs par an dans les Sociétés. C'est le chiffre que citait, à la Chambre,

M. Audiffred, rapporteur de la loi du 1er avril 1898. Or, la cotisation moyenne de membres participants n'est guère que de 14 francs. Il faudrait, dit M. Cheysson, que la cotisation s'élevât au triple de ce qu'elle est, comme dans les grandes sociétés anglaises, les *Lorders*, où cependant la retraite est laissée de côté. La moyenne de la cotisation y est de 39 francs. Aussi, M. Mabilleau, président de la Fédération nationale de la Mutualité, déclarait : « Le « plus grand défaut dont souffre la mutualité est « l'insuffisance des cotisations. Il faut, de toute « nécessité, trouver des ressources nouvelles pour « augmenter les revenus fixes et certains des Socié- « tés. »

Le mutualiste, ajoute M. Weber, s'empresse à la vie amicale, à la vie de réunion, de relation et de propagande de sa société, mais sa bonne volonté fléchit quand il doit quitter ce terrain agréable pour fournir l'effort sévère que requiert la prévoyance et surtout pour y persévérer. L'argent, cependant, qui est le nerf de la guerre, est aussi celui de la mutualité.

Nous arrivons au troisième chef de critiques, celui qui concerne la présence dans notre mutualité de membres honoraires. Les membres participants, dit M. Weber, seuls font de la mutualité. Ils s'assurent entre eux réciproquement contre les conséquences de la maladie, de l'invalidité et de la mort.

Les membres honoraires, au contraire, ne sont aucunement des mutualistes ; ils font de la solidarité sociale pour ne pas dire simplement la charité. Ce sont des bienfaiteurs. Sans attendre des sociétés de Secours mutuels aucune assistance et aucun avan-

tage, matériel tout au moins, ils leur font des libé-
ralités et contribuent à leur fortune. Les Sociétés ne
pourraient vivre sans eux, et leur présence fournit à
la mutualité française un de ses traits particuliers,
lui donne une physionomie qu'elle n'a pas dans les
autres pays et, pour tout dire, la dénature.

Répétons qu'à côté des 3,634,810 membres participants, nous avions, au 31 décembre 1905, 450,152
membres honoraires ayant versé 4,300,553 francs de
cotisations, tandis que les autres versaient 37 millions en chiffres ronds. Ainsi, l'effectif des membres
honoraires était alors de 11 o/o de l'effectif social,
et leurs cotisations représentaient 10 o/o des cotisations totales. C'est, du reste, un fait que la proportion
des membres honoraires est plutôt en décroissance,
et c'est un symptôme inquiétant, car MM. Gidé et
Mabilleau eux-mêmes s'accordent à dire que l'œuvre
mutualiste serait frappée de mort si les membres
honoraires lui retiraient leur appui. Et c'est M. Gidé
qui disait : « Les sociétés anglaises, plus fières et
« plus riches que les nôtres, ne recherchent pas les
« membres honoraires et ne veulent recevoir que de
« ceux à qui elles peuvent donner. »

Mais c'est à l'immixtion intéressée de l'État dans
la mutualité que s'en prend surtout M. Weber. Il est
certain que la politique a une large part dans cette
immixtion (1). L'aide et le patronage officiels de
l'État sont-ils sans inconvénients pour des œuvres
où l'initiative individuelle doit avoir la plus large
part ?

(1) Pour 1905, les subventions de l'État ont atteint, en
chiffres ronds, 5 millions de francs.

Le régime impérial avait pris en tutelle étroite
les Sociétés de secours, limité leur clientèle, exigé
qu'elles eussent ce qu'il appelait « un bon esprit-» ;
il en avait fait un instrument de propagande gouvernementale. Bien entendu, elles ne pouvaient s'unir.
Dans la suite, le gouvernement, quoique plus libéral, eut encore quelque tendance à proportionner
ses faveurs au loyalisme des sociétés. Puis, en présence des progrès du socialisme, on le vit s'efforcer
de créer dans le monde mutualiste un centre de
défense électorale placé à égale distance des partis
extrêmes. Il faut dire que l'État a vu ses intentions
dépassées grâce à l'entrée en jeu des vanités et des
ambitions personnelles. Parfois, ce sont de jeunes
hommes politiques qui, très pressés d'arriver, constituent un groupement, non point pour le conduire
vers sa plus grande prospérité économique et sa
plus grande utilité sociale — mission trop austère.
— mais, ce qui est plus facile et plus profitable,
pour s'en faire un tremplin, quitte à mener l'institution là où elle manque de tomber, et à flatter les
instincts les moins vaillants de sa clientèle la moins
éclairée. Souvent aussi l'appât des décorations et le
désir des honneurs sont les vrais mobiles dirigeants
des fondateurs.

Arrêtons-nous là dans ces critiques où, en prenant
texte de ce que devrait être la mutualité rationnelle,
on est porté, à première vue, à juger assez sévère-
ment notre mutualité française, telle qu'elle a évo-
lué dans un milieu particulier, et en tirant, le plus
possible, profit des éléments dont elle pouvait disposer.

2. — Améliorations et modifications à apporter dans l'organisation actuelle des Sociétés de Secours mutuels.

Ce qu'il faut faire, tous les vieux mutualistes l'ont dit et répété maintes et maintes fois avec leur expérience basée sur des faits et en tenant compte des critiques exposées plus haut.

Il faut améliorer et élargir la loi de 1898 au lieu de la détruire.

« Il faudrait d'abord en étendre les dispositions à
« tous ceux qui s'occupent des retraites ouvrières,
« mutualités, municipalités, syndicats, etc..., les
« mutualités n'en ayant jamais revendiqué le mono-
« pole.

« Il faudrait ensuite enlever de la loi de 1898 les
« obstacles qu'elle leur présente et, notamment :

« 1º Permettre de faire partie de plusieurs sociétés
« pour se constituer des pensions, en supprimant les
« faveurs de l'État aux pensions de 360 francs ou du
« maximum des pensions de retraites obligatoires
« s'il est supérieur à ce chiffre ;

« 2º Autoriser les sociétés faisant la retraite à
« constituer à capital aliéné les pensions provenant
« de l'épargne de leurs participants ;

« 3º Ne plus déduire, même pour la moitié, la
« pension de prévoyance, de la pension d'assistance,
« quand ces pensions réunies n'atteignent pas
« 360 francs.

« Enfin, il faudrait conserver aux mutualistes les
« avantages actuels de notre législation, notamment
« le 4 1/2, et augmenter leurs droits pour qu'ils se

« rapprochent un peu plus des faveurs beaucoup
« plus considérables qu'on promet aux retraites
« obligatoires. Je voudrais, écrit M. H. Vermont,
« membre du Conseil Supérieur (1) : 1° que jusqu'à
« 360 francs ou jusqu'au maximum des retraites
« on majore nos pensions de 25 o/o;

« 2° Qu'on exonère d'impôts les dons et legs pour
« la retraite ;

« 3° Que nous puissions, comme les établissements
« d'utilité publique, recevoir ces dons et legs sans
« formalités et autorisations administratives, quand
« ils sont mobiliers et non contestés par les famil-
« les. »

En résumé, au lieu de détruire la mutualité française et de faire table rase du passé, on devrait respecter et favoriser ce qui existe. Si on veut des retraites obligatoires, il faudrait tout au moins conserver
aux mutualités, qu'on vante si souvent, leurs droits
acquis et la législation dont elles font si bon usage
et qu'il serait facile d'élargir et de compléter.

Les mutualistes auraient ainsi le choix : ou bien
de subir la loi nouvelle, ou bien de continuer à
créer des pensions plus nombreuses, parce qu'elles
seraient plus favorisées qu'aujourd'hui, et qui coû-
teraient à l'État beaucoup moins cher que les retraites obligatoires.

Il va de soi que les mutualistes seraient exonérés
de la retenue sur le salaire, tout au moins pour une
somme égale à leurs cotisations, car ils abandon-
neront l'épargne libre s'il leur faut en même temps
payer pour l'épargne obligatoire, sans quoi celle-ci
tuerait celle-là.

(1) *Avenir de la mutualité.*

Le Congrès de Nice (avril 1906) et celui de Nancy (22 août 1909) ont permis d'ailleurs aux mutualistes de faire connaître leur avis sur des questions très délicates et très complexes qui, comme on l'a dit, exigent une compétence particulière de la part de ceux qui ont à les résoudre.

Le Congrès de Nice a proclamé l'excellence et la nécessité de l'hygiène sociale. Cette hygiène sociale appelait l'étude des problèmes les plus variés : service médical, œuvre de la maternité, de l'enfance, lutte contre la tuberculose, caisse de réassurance et d'invalidité.

A-t-on travaillé, dans la mutualité, à transformer progressivement les visiteurs en véritables moniteurs d'hygiène ? A-t-on créé, dans chaque société un peu importante, le poste, indispensable maintenant, d'un Commissaire à l'hygiène ? A-t-on dans les Unions, institué des médecins conseils s'occupant seulement d'hygiène sans empiéter sur le traitement ? A-t-on tendu partout vers la mutualité familiale ? A-t-on provoqué la diffusion de l'École ménagère ? A-t-on lutté avec méthode contre l'alcoolisme ? A-t-on poussé les jeunes gens vers les sociétés d'éducation physique, encouragé les vacances coopératives, favorisé les bains-douches ?

Les membres des mutualités se sont-ils affiliés de plus en plus aux Œuvres des jardins ouvriers, aux Sociétés d'habitations à bon marché ? A-t-on exploré, au moins par des enquêtes, les logements insalubres ? A-t-on étudié, avec un sincère désir d'arriver à une solution, le moyen de réserver une partie des capitaux mutualistes à la construction des logements mutualistes ?

Il est bien entendu, d'ailleurs, comme le faisaient remarquer MM. Fuster et Montet, qu'il ne s'agit pas, pour les Sociétés de secours mutuels, de fonder toujours et de toutes pièces ces multiples œuvres spéciales; elles n'en auraient ni le loisir ni les moyens.

Mais des Œuvres de ce genre existent : les colonies de vacances, en particulier, se multiplient; des Sociétés de maisons à bon marché à la ville, et aux champs s'organisent; trop souvent encore, ces diverses institutions s'ignorent et, quelquefois, par suite de cette ignorance, se nuisent mutuellement. Il s'agirait de coordonner tous ces efforts disséminés de l'initiative privée au point de vue de l'hygiène sociale. Tout le monde y gagnerait, la mutualité non moins que tout le monde, mais, ainsi qu'on le voit par ce simple résumé, la question soumise aux congressistes de Nancy était des plus vastes.

M. Rochelle, de son côté dans son rapport, avait mis au point la question de la Mutualité scolaire, surtout au point de vue des retraites ouvrières. M. Rochelle a abordé aussi la question du reboisement par la Mutualité scolaire; son étude n'était pas un hors-d'œuvre, d'autant plus que le Congrès s'est tenu, précisément non loin de Bayon et des scolaires forestières de la Meurthe-et-Moselle.

Mutualité infantile, Mutualité scolaire, enfin Mutualité militaire dont on aurait voulu reviser les statuts modèles.

Un des discours les plus remarquables prononcés au Congrès de Nancy a été celui de M. Deschanel. Il y a parlé, comme il l'a dit lui-même, en ami sincère de la Mutualité, moins soucieux de plaire que d'être utile, et qui ambitionne pour elle un rôle toujours plus haut. Elle doit fonder son avenir, non sur l'aide d'autrui, mais par elle-même. Plus que jamais, l'effort personnel doit être pour les mutualistes le premier élément du succès, le reste ne doit être que l'accessoire. Mais, lorsqu'on accuse les Sociétés de vivre d'aumônes, parce qu'elles reçoivent les dons des membres honoraires et les subventions de l'État, on commet une injustice à laquelle il leur est facile de répondre. Quand, pour instituer un régime de retraites obligatoires, on prétend tirer de la poche des contribuables et de la poche des patrons les sommes nécessaires à la retraite des travailleurs, faut-il donc appeler cela charité, aumône ? Non, c'est une œuvre de solidarité démocratique, un acte de fraternité nécessaire. La différence, c'est qu'ici les patrons et l'État lui-même jouent le rôle de membres honoraires par contrainte, tandis que, dans les Sociétés, ils versent leurs cotisations de leur plein gré ; pourquoi glorifier la première opération et flétrir la seconde ?

Non, ce reproche n'est pas fondé ; mais, ce qui est vrai, c'est que les subventions de l'État, au lieu d'être proportionnelles à l'effort accompli par les prévoyants, le sont plutôt à l'importance du concours qu'ils reçoivent du dehors. Ce qui est vrai, c'est que toute la partie prévoyance de la mutualité, c'est-à-dire les cotisations des membres participants — que l'on doit s'efforcer d'étendre, — devrait être régie par la maxime : « A chacun suivant son effort », et que la partie assistance, c'e à-dire les subventions et les dons, devrait être régie par la maxime : « A chacun suivant ses besoins ».

On ne saurait, du reste, tirer un argument sérieux

du fait que le budget de l'Assistance ne cesse, malgré tout, de s'accroître. De 1873 à 1906, le nombre des individus de tout âge secourus par la charité publique s'est élevé de 1,500,000 à 2 millions et demi, quoique la population ne se soit pas accrue sérieusement en France dans le même laps de temps. En 1909, il faut ajouter 400,000 vieillards à cette armée d'indigents ou assimilés. Voilà donc trois millions d'assistés ! La progression est forte, trop forte même, et ne prouve pas un développement de la prospérité nationale, ni surtout de l'esprit de solidarité. Ainsi, plus d'un douzième des habitants de la nation la plus favorisée par les dons de la nature reçoivent une assistance de la part de l'État et attendent de lui les secours ou même le pain !

Les dépenses de l'Assistance publique étaient, en 1873, de 145 millions par an. En 1906, elles se sont élevées à 315 millions environ. Près de 100 millions doivent être ajoutés à cette somme par l'application de la loi de 1905 sur l'assistance aux vieillards. C'est donc plus de 400 millions que l'on consacre annuellement en France à l'assistance officielle. La moitié de cette somme est fournie par l'État, les départements et les communes. C'était le tiers en 1873. Songe-t-on à toutes les entreprises qu'un pareil trésor pourrait féconder ?

Que l'on mette en regard de cet énorme budget les 5 ou 6 millions que ces mêmes collectivités versent à la Mutualité, et l'on sera fixé sur ce que leur rapportent les efforts de la prévoyance libre. En fait, c'est vers elle, vers l'initiative privée qu'il faut se tourner si l'on veut mettre un terme aux débordements de l'assistance officielle, déprimante et improductive, instrument de démoralisation et d'affaiblissement.

Associer la prévoyance à l'assistance, c'est ce que fait la mutualité.

L'assistance est ainsi réduite au minimum, et les ressources qu'elle annihile dans d'autres pays en les accumulant, restent dans la circulation et servent à améliorer ou à créer des œuvres nouvelles qui viennent également en aide aux travailleurs.

En ce qui concerne la question des retraites ouvrières, M. Mabilleau a voulu formuler une conclusion dernière, précise et pratique.

Tout d'abord, la question de la pension mutualiste, selon lui, ne présente plus de difficultés ; deux solutions s'imposent à cet égard. Pour les mutualistes stables, c'est-à-dire qui ont chance et désir de parcourir toute leur carrière de prévoyants dans la même société, le fonds commun est préférable au livret individuel, à cause surtout de l'avantage pécuniaire que lui assure le taux exclusif de 4 et demi pour 100. Mais ce fonds commun n'est pas le fonds inaliénable dont le poids opprime ; la mutualité a besoin, au contraire, de pouvoir permettre au prévoyant d'aliéner sa cotisation personnelle dans le fonds commun, réserve faite seulement des ressources extraordinaires qui viennent s'y ajouter.

Tout le monde semble d'accord avec M. Mabilleau pour conseiller aux Sociétés la constitution de retraites garanties par le fonds commun *renouvelé*, c'est-à-dire comportant l'aliénabilité de la contribution personnelle du travailleur.

M. Mabilleau fait toutefois deux réserves. S'il s'agit de prévoyance à très longue portée, comme

dans le cas de la mutualité scolaire, ou si les intéressés prévoient des changements de résidence fréquents, le livret individuel est préférable, même
sans le taux de faveur.

En attendant la réforme du fonds commun, les
Sociétés feront bien de surseoir à l'organisation
définitive de leur caisse. M. Mabilleau leur conseille
de déposer provisoirement en fonds libres toute la
portion de l'apport annuel qu'elles désirent plus
tard aliéner et ne placer au fonds commun actuel
que ce qu'elles veulent y laisser, comme les subventions d'État, par exemple.

M. P. Deschanel a apporté sur ce même point des
prévisions nouvelles. Il distingue, dans le fonds
commun, la part de l'aide sociale, c'est-à-dire celle
des subventions fournies par l'État, les départements, et les dons et legs (faits à titre inaliénable),
et celle de l'effort individuel représentée par les
cotisations ; et il demande que, pour cette dernière
part, le fonds commun devenu inaliénable puisse
être affecté aux retraites et, dans ce but, soit trans-
féré au crédit d'une organisation légalement et tech-
niquement administrée. On remonterait de vingt-
trois ans en arrière. Il s'agit de déclarer aliénable
dans la mesure que nous venons de dire, le fonds
commun antérieur à la loi de 1898.

Un projet dans ce sens fut présenté par M. Bon-
nevay, mais, faute de certaines garanties quant au
transfert du fonds mobilisé, il échoua devant la
Commission d'assurance et de prévoyance sociale.
Repris et retouché par M. Paul Deschanel avec le
concours de MM. Puech et Siegfried, il semble
avoir chance d'aboutir. Le Congrès a donné son

adhésion aux idées de MM. Mabilleau et Deschanel.

Tous les mutualistes ne se sont pas déclarés satisfaits des résolutions prises à Nancy. « Sans doute, disent-ils, quelques résolutions pratiques y ont été prises, mais on aurait souhaité une attitude plus nette et des résolutions plus énergiques. La question des retraites, par exemple, semble à M. Dédé n'avoir pas été étudiée avec assez de soin et de méthode. M. Dédé représente une école de mutualistes assez hardie qui reproche à la mutualité française de réclamer des privilèges et de ne pas travailler suffisamment à les mériter. Il s'indigne de voir une grande institution comme la mutualité, « toujours « mendier des subsides et des faveurs, au lieu d'al- « ler de l'avant, confiante dans la force de ses prin- « cipes sociaux ».

Volontiers, il compare les mutualités françaises aux mutuelles anglaises, ces *Friendly societies*, qui groupent 16 millions d'adhérents et possèdent 1,450 millions ; 3,000 coopératives avec 2 millions six cent mille adhérents et un avoir de 1.410 millions ; un millier de *Trades-unions* possèdent 161 millions ; 623,000 associés dans les *Building's societies* avec un capital de 1,833 millions, sans parler des 12,537,000 dépositaires aux Caisses d'Épargne, groupant une fortune de 6,141 millions.

Il est certain qu'on peut admirer l'état des associations mutuelles d'outre-Manche, ce qui n'empêche que des mutualistes éminents en France n'ont pas pensé jusqu'ici pouvoir vivre sans les subventions de l'État, subventions qu'ils considèrent avec raison — nous l'avons dit plus haut — comme une légitime rémunération de services rendus, comme la part contributive, légitime aussi, de l'État à leur œuvre humanitaire.

M. Dédé redoute jusqu'à la revision de la loi de 1898, dans la crainte que le gouvernement ne fasse dévier cette revision dans un sens antilibéral. Il s'en prend également à certains personnages qui vivent de la mutualité plus qu'ils ne la servent et qui y apportent malheureusement de tout autres préoccupations que des préoccupations mutualistes. Le fait est exact, de même qu'il est malheureusement exact qu'on a perdu du temps, au Congrès de Nancy, en discussions stériles et que les Congrès gagneraient à être sérieusement préparés, par exemple, par la nomination d'un pré-rapporteur pour chaque question à l'ordre du jour.

On voit que tout le monde n'a pas été également satisfait du Congrès de Nancy ; nous avons indiqué les discussions utiles qui s'y sont engagées ; il convenait de signaler également les critiques dont ses travaux ont été l'objet. Nous en avons parlé plus haut, en résumant les critiques générales adressées à la mutualité telle qu'elle fonctionne aujourd'hui en France.

Conclusion

Nous observerons, en terminant, que, si les gouvernements qui se succèdent au pouvoir ne ménagent pas les compliments et les promesses aux mutualistes, des actes leur seraient plus agréables. Or, on a rarement donné satisfaction à leurs demandes les plus justifiées et on a peu fait, en fin de compte, pour les prévoyants, alors qu'on prodigue les millions pour les imprévoyants.

Si l'on admet l'obligation pour les retraites (1), n'est-il pas à craindre qu'on en vienne à l'imposer pour le chômage, pour la maladie ?... Les ouvriers, traités comme des enfants et des incapables, perdront le goût de l'épargne qui les honorait et qu'ils aimaient quand elle était libre, qu'ils détesteront et qu'ils chercheront à éviter quand elle sera devenue un impôt.

Quant à la mutualité, exclue en fait du service des retraites et réduite provisoirement au service de la maladie, elle aura reçu un coup dont elle ne se relèvera pas, alors que la prévoyance libre a droit, de l'avis général, à sa place légitime et joue un rôle d'éducation supérieur.

Vouloir la remplacer par l'assistance, substituer à la libre initiative, à l'action privée, une loi des pauvres, c'est tourner le dos au progrès, reculer d'un siècle en arrière, et faire de notre pays une

(1) C'est malheureusement chose faite (loi du 5 avril 1910).

nation d'indigents, où les 2/3 de la population seraient assistés par le dernier tiers.

« Les lois qui ont pour objet de mettre à la charge
« de l'État ou de la commune les gens imprévoyants,
« détruisent chez une foule d'hommes le sentiment
« même de la prévoyance. Si vous promettez à
« l'homme de lui procurer, comme don gratuit, les
« résultats qu'il a attendus, dans le passé, ou qu'il
« attend encore aujourd'hui de ses sacrifices et de
« ses efforts, il ne fera plus ni sacrifices, ni efforts.
« La générosité imprudente de l'État tarira l'épar-
« gne à sa source, en faisant disparaître les princi-
« paux motifs d'épargne, et la capitalisation, qui
« est le principal élément du progrès social, en
« serait arrêtée. » (P. Leroy-Beaulieu.)

Assez de misères proviennent des accidents inhérents à la condition humaine, sans que d'impru-
dentes mesures viennent augmenter le mal en voulant le guérir.

Les asiles aux aveugles, aux sourds-muets, aux
enfants abandonnés, aux incurables, sont des œuvres louables et indispensables. Il en est de même
des hôpitaux, maisons de santé ouvertes aux malades pauvres qui ne pourraient, par les soins qu'ils
exigent, par leur isolement, être autrement re-
cueillis et guéris. Mais des secours certains distri-
bués administrativement et régulièrement à des
pauvres — comme ceux résultant de la loi de 1905 —
« la pauvreté devenant une situation, cessant d'être
un accident ; le malheureux fait impôt au lieu d'être
homme ; l'aumône-taxe à la place de l'aumône-cha-
rité, voilà ce qui semble dangereux parce qu'on
peut enfanter des légions de créatures sans souci

du lendemain et, dès lors, sans dignité personnelle, sans valeur morale, sans utilité sociale... Relever le pauvre n'est pas clouer le pauvre dans sa misère et on l'y cloue quand on sert mal à propos les mauvais penchants de l'homme, la paresse, l'incurie et tous les vices qu'engendre l'absence des passions généreuses qui découlent du travail, de l'ordre, de la prévoyance, de l'esprit de famille et de la dignité morale de l'homme... (1). »

Malheureusement, trop nombreux sont les partisans de l'intervention de l'État, les uns par principe, les autres par philanthropie. Aperçoivent-ils quelque part, dans les classes laborieuses, des souffrances imméritées ou inévitables, ils somment le gouvernement d'y porter remède sous la forme d'une ordonnance ou d'une loi : « Tous ces complices du « collectivisme, par sentimentalisme ou ignorance « des choses, ont l'air de croire, comme l'observe « justement M. E. Dufeuille, qu'il suffit au gouver- « nement, pour faire le bonheur du monde, de le « vouloir, comme s'il dépendait de sa bonne volonté « de supprimer, une fois pour toutes, entre les « habitants d'un même pays, avec les inégalités de « naissance et de santé, d'intelligence et de mora- « lité, des bonnes et des mauvaises chances du « sort, les conséquences inévitables de ces inégali- « tés, bref, de changer la nature de l'homme, et sa « destinée sur la terre... Il y a ici de la gêne, là des « souffrances, à quoi bon délibérer? Le gouver- « nement doit renouveler le miracle des noces

(1) Baron de Montreuil: *Des Institutions de charité dans les campagnes* (1855.)

« de Cana, changer l'eau en vin, et tout de suite. »

M. Mabilleau, l'éminent Directeur du Musée Social, n'a pas hésité à conclure, lui aussi, contre les abus de l'intervention de l'État : « Les lois d'as-« sistance, a-t-il dit, sont excellentes, certes, mais « elles devraient être le couronnement des œuvres « de mutualité pour les compléter dans les cas dé-« sespérés et incurables ; elles n'en devraient pas « être la préface, ainsi que cela s'est vu en France ; « car leur épanouissement même et les services « réels qu'elles peuvent rendre enrayent précisé-« ment le développement de la mutualité, en arrê-« tant l'effort de la prévoyance que beaucoup d'as-« sistés ne jugent plus nécessaire ; grâce à ces lois, « ceux-ci se laissent vivre, menaçant de grossir « démesurément les charges publiques et l'armée « des miséreux désœuvrés. »

Au surplus, les craintes éprouvées par les mutua-listes ne se réaliseront pas, nous en avons l'espoir, car les lois ne peuvent rien sans les mœurs ; or, si le Parlement édictait arbitrairement et d'une ma-nière abstraite la loi des Retraites, il irait à un échec certain (1). Le pays, deux fois consulté par voie d'Enquête nationale, s'est chaque fois prononcé à

(1) Nos prévisions se sont réalisées puisqu'il ressort des statistiques officielles que, sur 12 millions environ d'assu-jettis obligatoires, 2 millions et demi seulement avaient signé leur bulletin au 1er janvier 1912. Notez que, parmi ces derniers, figurent tous ceux auxquels, en raison de leur âge, est réservé un traitement de faveur exceptionnel. Les modifications apportées par la loi de finances de 1912 à la loi des retraites n'auront, croyons-nous, d'autre résultat que d'augmenter les charges de l'État sans contenter les intéressés qui n'admettront jamais le principe de la contri-bution ouvrière obligatoire.

d'énormes majorités contre l'obligation. En matière
de prévoyance, c'est aux œuvres de libre initiative
à préparer les lois et à leur tracer le chemin. Le
Parlement, forcément inexpérimenté dans une matière aussi spéciale, a besoin d'être devancé dans
ses résolutions, guidé dans ses intentions, appuyé
au besoin dans ses efforts par les actes et les conseils de ceux qui ont commencé par agir.

TABLE DES MATIÈRES

PREMIÈRE PARTIE

Des diverses Institutions de Prévoyance dans les campagnes.

DEUXIÈME PARTIE

La Chapelle-Montligeon (Orne). — Imp. de Montligeon. — 3430-4-12.